Emil Simonson

Der Organismus als kalorische Maschine und der zweite Hauptsatz

Literaricon

Emil Simonson

Der Organismus als kalorische Maschine und der zweite Hauptsatz

ISBN/EAN: 9783959130516

Auflage: 1

Erscheinungsjahr: 2015

Erscheinungsort: Treuchtlingen, Deutschland

Literaricon Verlag Inhaber Roswitha Werdin, Uhlbergstr. 18, 91757 Treuchtlingen

www.literaricon.de

Dieser Titel ist ein Nachdruck eines historischen Buches. Es musste auf alte Vorlagen zurückgegriffen werden; hieraus zwangsläufig resultierende Qualitätsverluste bitten wir zu entschuldigen.

Literaricon

Der Organismus als kalorische Maschine und der zweite Hauptsatz

Von

Dr. Emil Simonson

Arzt in Charlottenburg

Exakt nennen wir diejenige Forschung, die sich auf die methodisch zulässigen Fehler beschränkt. *Professor Richard M. Meyer*

Charlottenburg 1912
Paul Baumann, Verlag

Vorwort.

Wenn wir uns auf den folgenden Blättern bemühen, zu zeigen, daß die Arbeitsweise des Organismus mit der einer kalorischen Maschine verglichen werden darf, so soll damit über Weltanschauungsfragen nicht vorweg geurteilt werden; ich glaube vielmehr, daß auch Neovitalisten sich dieser Auffassung anschließen dürfen, ohne von ihrer eigenen Anschauung etwas aufzugeben. Wir können eine weite Strecke mit Ostwald gehen, indem wir uns seine Erkenntnis zunutze machen, daß die reine Energetik oft eine fruchtbare Arbeitshypothese sein kann, wo die Atomistik als solche versagt oder sogar zum Hindernis weiterer Erkenntnis wird. Wir können uns aber von ihm trennen, wenn wir nicht imstande sind, die optimistische Erwartung zu teilen, mit der er die Experimentalpsychologie eines Hering und Semon verfolgt; wenn wir glauben, daß es keinen wesentlichen Fortschritt bedeutet, einen unbegreiflichen Vorgang „Engramm" zu nennen; daß die moderne Experimentalpsychologie niemals über die Randzone des Problems hinausgelangen kann. Alle diese verschiedenen Anschauungen widersprechen nicht einem Zusammengehen, solange es sich nur darum handelt, die für die chemische und energetische Betätigungsweise des Organismus geltenden Gesetze zu suchen.

Indem ich aber darangehe, einen Beitrag zur Lösung dieser Aufgabe zur Diskussion zu stellen, muß ich mich nach den in den biologischen Disziplinen heute noch fast ausschließlich dominierenden Anschauungen über wissenschaftliche

Arbeitsweise eigentlich erst entschuldigen oder rechtfertigen. So oft es in der Unterhaltung mit ärztlichen Kollegen zur Sprache kam, daß ich mit einer energetischen Arbeit über Probleme der Muskelphysiologie, des Fiebers und anderer die Klinik berührender Gebiete beschäftigt bin, trat stets mit der Promptheit einer physikalischen Reaktion die Frage auf: Bei wem machen Sie Ihre Experimente? Wenn ich nun erwiderte, daß ich für die Zwecke meiner Arbeit keine Experimente, sondern allenfalls nur einige wenige elementare Rechnungen brauche, und mich bemühte, darzutun, daß es auch eine wissenschaftliche und sehr notwendige Tätigkeit sei, das vorliegende, oft bereits überreiche Tatsachenmaterial unter der Herrschaft leitender Gesichtspunkte zu ordnen, wodurch es oft erst seine rechte Bedeutung gewinne; daß für diesen Zweck der Experimentator nicht immer die geeignetste Persönlichkeit sei, weil er, bis zu einem gewissen Grade unvermeidlicherweise, durch eine gefärbte Parteibrille sehe; vielleicht auch, weil die philosophische Ordnertätigkeit seiner individuellen Veranlagung nicht entspreche; daß ich in der Geltung des zweiten Hauptsatzes für die organische Welt dieses neue höhere Ordnerprinzip erblicke; auf alles das reagierten die Partner in der Unterhaltung stets in sehr charakteristischer Weise: Je nach dem Temperament antwortete der eine durch betretenes Schweigen, ein anderer ging schonend zu einem anderen Gesprächsthema über, ein dritter prophezeite mir unter großem Temperamentsaufwand unvermeidlichen und wohlverdienten Mißerfolg oder Nichtbeachtung. Eine wissenschaftliche Arbeit ohne Verbrauch von Frosch- oder Kaninchenhekatomben erschien ihnen von vornherein wertlos.

Vor hundert Jahren hatte die induktive Forschung einen schweren Kampf gegen die Ansprüche einer höchst subjektiven Philosophie auf Alleinherrschaft durchzufechten. Kämpfer sind notgedrungen einseitig; sie müssen in ihren Zielen extrem sein, um etwas zu erreichen. Aber der Kampf ist seit einer Reihe von Jahrzehnten entschieden; niemand bestreitet der induktiven Forschung in irgendeiner Wissenschaft mehr ihren

Platz an der Sonne. Aber nun ist auch der Zeitpunkt gekommen, daß die Biologen, und besonders die Mediziner, aufhören, wie hypnotisiert auf jede deduktive wissenschaftliche Betätigung wie auf den drohenden Feind zu starren. Wir sollen nicht ewig die Front mit Johannes Müller gegen einen Feind beibehalten, der längst verschwunden ist. Beide Forschungsmethoden sind gleichberechtigt und dem menschlichen Denkorgan adäquat, wie die Entwickelung der theoretischen Physik gerade in neuester Zeit gezeigt hat. Weil es vor 100 und auch noch vor 50 Jahren nötig war, erst einmal das Tatsachenmaterial zu beschaffen, um eine aufbauende Tätigkeit zu ermöglichen, soll das Experiment und die Beschäftigung mit Einzelfragen für immer zum Selbstzweck werden? Das hieße wirklich, „der Menschheit Schnitzel kräuseln". Aber das Gesetz der Selbstregulierung (Ostwalds Grundgesetz der allgemeinen Phoronomie) ist am Werke, um den unumgänglichen Rückschlag herbeizuführen, und die Stimmen, die sich für die Notwendigkeit und Gleichberechtigung einer kritischen Materialsynthese erheben, werden sich nicht länger überhören lassen. O. Rosenbach[187] hat die Notwendigkeit hervorgehoben, „auf dem Gebiete unserer Wissenschaft wieder einmal das überreiche, empirisch gefundene Material mit schärfster Kritik zu sichten und unter einen einheitlichen oder, richtiger, höheren Gesichtspunkt zu bringen, d. h. von Kenntnissen zur relativen Erkenntnis, zu einem temporären Überblick über den Zusammenhang der Geschehnisse zu gelangen, ohne diesen Ruhepunkt in der Betrachtung als den Endpunkt des Fortschrittes anzusehen." — — — Was uns fehlt — und in der Arbeit unter diesem Gesichtspunkte sehe ich eine der wichtigsten Aufgaben eines Forschers auf medizinischem Gebiete —, sind also zurzeit nicht neue pathologische Experimente; es fehlt die Verknüpfung der mehr als reichlich vorhandenen Beobachtungen zu neuen umfassenden und darum gesicherten Urteilen über den Zusammenhang der Geschehnisse." — So Rosenbach. Aber der war ja als Außenseiter, wenn nicht als Sonderling klassifiziert! Und doch steht dieser Mann, der auf spekulativem Wege als erster die Notwendigkeit der funktionellen Diagnostik gezeigt hat, neben den späteren Baumeistern der Methode ebenso gleichberechtigt da, wie Robert Mayer neben Helmholtz.

Soll der Gedanke vorangehen, oder die Erfahrung? In der Beantwortung dieser Frage standen sich die großen Forscher und Denker häufig schroff gegenüber. Nur zwei extreme Beispiele: Liebig sagt: „Baco legt in der Forschung dem Experiment einen hohen Wert bei, er weiß aber von dessen Bedeutung nichts; er hält es für ein mechanisches Werkzeug, welches, in Bewegung gesetzt, das Werk aus sich selbst heraus macht; aber in der Naturwissenschaft ist jede Forschung deduktiv oder aprioristisch; das Experiment ist nur Hilfsmittel für den Denkprozeß, ähnlich wie die Rechnung; der Gedanke muß ihm in allen Fällen und mit Notwendigkeit vorausgehen, wenn es irgendeine Bedeutung haben soll. — Eine empirische Naturforschung in dem gewöhnlichen Sinne existiert gar nicht. Ein Experiment, dem nicht eine Theorie, d. h. eine Idee vorangeht, verhält sich zur Naturforschung, wie das Rasseln einer Kinderklapper zur Musik." — Dagegen Lionardo da Vinci: „Wir müssen mit der Erfahrung beginnen und auf diesem Wege den inneren Zusammenhang der Erscheinungen aufdecken; das ist die Methode der Naturforschung."

Zwischen diesen extremen Anschauungen zu entscheiden, ist Sache der Erkenntnistheorie. Für den Biologen genügt es, die Gleichberechtigung beider Richtungen durchgesetzt zu wissen: jede von ihnen kann dann durch Erfolge für ihre Existenzberechtigung plädieren. Im letzten Kapitel dieses Buches habe ich an den Beispielen von Rubner und Bircher-Benner gezeigt, daß es möglich ist, sowohl deduktiv als auch induktiv anzufangen, daß aber ein Zeitpunkt kommt, an dem es notwendig wird, von der einen Methode zur anderen überzugehen, um die volle Ernte einzuheimsen.

Über den Wert der Materialansammlung als Selbstzweck spricht sich Ludwig Hatvany [(55)] drastisch wie folgt aus:

„Die stolze Wissenschaft der antiken Welt als einheitliches Ganzes betrachtet, wie sie einst Wolf dachte, liefert dem Gelehrten die ganze Vergangenheit aus, sie verhilft dem Glänzenden und dem Verborgenen gleichmäßig zu seinem guten Rechte; so aber, wie sich diese Wissenschaft in den Händen unserer Gelehrten allmählich verändert hat, ist sie eine urteilslose gleiche Wertung von Wesentlichem und Unwesentlichem geworden. Eine solche mechanische Verkettung wird dann als erschöpfende Behandlung gepriesen. Wie schwer lastet die Forderung dieses Erschöpfens auf dem Philologen. Denn was heißt Erschöpfen? Unerschöpflichkeit! Der Gelehrte leidet unter dem Gefühl der notwendigen Unvollkommenheit seines Wissens; er lernt, er lernt, er lernt, er forscht, er sucht, er schnüffelt, er tastet, bis das Ziel erreicht ist: . . . das gelähmte Denken und die zermalmte Persönlichkeit. Das Wrack seiner Individualität klammert sich dann an den schwimmenden Balken einer Detailfrage. Das ist die intime Geschichte der jährlich zu Hunderten erscheinenden Monographien."

Aber wie denn! Das geht doch auf die Philologie! Wie kommt das hierher? — Nun ja, das war eine Abschweifung, die den Mediziner und Biologen nichts angeht. — Aber merkwürdig: wie mag wohl der Physiologe Friedenthal (61) zu diesem Stoßseufzer kommen: „. . . Die übergroße Zahl der phantasielosen und jedes Genießens rein philosophischer Ordnertätigkeit unfähigen Köpfe wird dafür sorgen, daß die wichtige Aufgabe der Wissenschaft, Tatsachen zu sammeln, nicht zu kurz zu kommen braucht."

Er ist jedenfalls ehrlicher und gerechter, als Lieschen am Brunnen:

„Bedauert sie noch gar!
Wenn unsereins am Spinnen war,
Uns nachts die Mutter nicht hinunterließ,
Stand sie bei ihrem Buhlen süß . . ."

Und da wir nun einmal bei Goethe angelangt sind, so mögen hier von den vielen Aussprüchen, in denen er zu unserer Frage Stellung nimmt, und die ihn allerdings in dieser Frage als leidenschaftlichen Parteimann kennzeichnen, die folgenden Strophen Platz finden, die seinen Standpunkt mit Mäßigung zum Ausdruck bringen:

„Bewährt den Forscher der Natur
Ein frei und ruhig Schauen,
So folge Meßkunst seiner Spur
Mit Vorsicht und Vertrauen.

Zwar mag in einem Menschenkind
Sich beides auch vereinen;
Doch, daß es zwei Gewerbe sind,
Das läßt sich nicht verneinen."

Nun gut! alles das zugegeben. Aber der Umstand allein, daß jemand nicht experimentell gearbeitet hat, qualifiziert ihn doch noch nicht für die Ordnertätigkeit an dem vorhandenen Tatsachenmaterial! Also wo ist deine Aktivlegitimation für dieses Beginnen? Dieses Einwurfs muß ich wohl von seiten des bis hierher gelangten Lesers gewärtig sein. Die Antwort lautet: Die Berechtigung leite ich aus dem Bewußtsein her, im Besitz einer Erkenntnis zu sein, die noch nicht wissenschaftliches Allgemeingut ist, die aber geeignet erscheint, uns das Verständnis für zahlreiche Einzeltatsachen zu erschließen und ihre Zusammenfassung unter einen höheren ordnenden Gesichtspunkt zu ermöglichen. Es ist die Erkenntnis, daß der zweite Hauptsatz der Energetik auch in der organisierten Welt Geltung haben müsse. Es ist sogar noch zu wenig gesagt, daß diese Erkenntnis noch nicht wissenschaftliches Gemeingut geworden sei. Darüber hinaus ist sie sogar, mit mehr Leidenschaft, als Sachkenntnis, vielfach bekämpft worden. Anerkannt ist die Forderung nur von einigen wenigen ärztlichen Autoren, und brauchbares Material zu ihrer Begründung hat in der biologisch-medizinischen Literatur außer Bircher-Benner und Zwaardemaker bisher kaum jemand geliefert. Wenn ich für diesen Zweck einige weitere Beiträge zu bringen unternehme, so glaube ich mich dabei sogar innerhalb der Grenzen der von Helmholtz*) präzisierten Auffassung zu halten: „Die erste Auffindung eines neuen Gesetzes ist die Auffindung bisher verborgen gebliebener Ähnlichkeit im Ablauf der Naturvorgänge.“ Das wird aus dem letzten Kapitel an der Bewertung der Rubnerschen Untersuchung über die Gesetze des Energieverbrauchs bei der Ernährung besonders deutlich werden.

Ohne Zweifel werden in der folgenden Arbeit Fehler in Einzelheiten vorhanden sein; ich erwarte sogar, daß ein Teil dieser Fehler derart sein wird, daß sie bei vollkommenerer physikalischer und physiologischer Vorbildung, als sie mir als ärztlichem Praktiker zur Verfügung stand, vermeidbar gewesen wären. Aber es darf von einer höher stehenden Kritik erwartet werden, daß sie nicht mit der Bemängelung oder Ablehnung von Einzelheiten auch glaubt, die Grundgedanken meiner Arbeit widerlegt zu haben. Eins der Ziele meiner Überlegungen war ja auch, zu beweisen, daß eine Reihe scheinbar gesicherter Ergebnisse an die experimentalphysiologische Instanz zurückverwiesen werden müsse. Den diese Arbeiten betreffenden Teil meiner Überlegungen betrachte ich nur als auslösende Kraft, die dem System neue Energien nicht zuführt.

Charlottenburg, im August 1912.

E. S.

*) Das Denken in der Medizin. Berlin 1878.

Inhaltsübersicht.

Bircher-Benners Nährwerttheorie auf Grund der chemischen Potentiale der Nahrungsmittel.

Einleitung.

In einem am 17. Juni 1910 in der Berliner Physiologischen Gesellschaft gehaltenen Vortrage „Die Bedeutung des zweiten Hauptsatzes der Thermodynamik für die Theorie des Fiebers" (157) habe ich der Beurteilung der physiologischen Sachverständigen einen Versuch unterbreitet, der durch Erfahrung und Beobachtung am Krankenbette, durch Tierexperimente und durch bakteriologische Forschungen gestützten Auffassung des Fiebers als eines Heilfaktors auf deduktivem Wege einen weiteren Stützpfeiler zu geben. Von der Voraussetzung ausgehend, daß der Organismus die chemische Energie seiner Nahrung zunächst in Wärme umsetze und diese dann teils als Arbeit, teils unverändert als Wärme nach außen abgebe, daß er sich also nach Art einer kalorischen Maschine betätige, kam ich naturgemäß zu der Schlußfolgerung, daß das Maß seiner Arbeitsfähigkeit ebenso wie das einer Wärmemaschine von der Differenz zwischen seiner eigenen Temperatur und der Temperatur seines Kühlraumes abhängig sei. Um überhaupt arbeiten zu können, muß hiernach jeder Organismus eine höhere Temperatur besitzen, als sein Kühlraum. Die Eigentemperatur der pathogenen Mikroorganismen entspricht dieser Forderung, sie ist höher, als die des als Kühlraum funktionierenden Wirtes. Die Temperatursteigerung des befallenen Organismus im Fieber kann also eine zweckmäßige Maßregel sein, um das thermodynamische Gefälle zwischen der eigenen Temperatur und der der Krankheitserreger zu verkleinern oder auszugleichen und dadurch deren Fähigkeit, biologische Arbeit zu leisten, d. h. Toxine zu produzieren und sich fortzupflanzen, zu vermindern oder gänzlich aufzuheben. In diesen thermodynamischen Verhältnissen glaubte ich auch die physikalische Grundlage der von den Bakteriologen geübten Methode suchen zu müssen, bei höheren Temperaturen abgeschwächte Kulturen zu erzielen.

Die Einwendungen gegen diese Theorie richteten sich ausschließlich gegen meine Prämisse, die Auffassung des Organismus als kalorische Maschine. Schon Herr Geheimrat W. Ostwald, den ich während der Arbeit um Beurteilung meiner energetischen Schlußfolgerungen bat, hatte mir geantwortet, die letzteren enthielten zwar keinen Fehler, seien aber doch hinfällig, weil sie auf einer falschen Prämisse beruhten. Der Wirkungsgrad des Muskels sei sehr hoch, mindestens 30 %, d. h. $\frac{T - T_2}{T_1} = 0{,}3$.

$$\text{Da } T_1 = 37 + 273 = 310, \text{ so ist}$$

$$\frac{310 - x}{310} = 0{,}3$$

$$310 - x = 93$$

$$x = 217$$

$$217 - 273 = -56.$$

Aus dieser Berechnung ergebe sich, daß der Muskel erst bei einer Außentemperatur von — 56° C zu arbeiten anfangen könnte, und auch das nur, wenn er eine ideale Maschine wäre. Da er aber in Wirklichkeit sicherlich keine solche sei, so müßte die Außentemperatur noch erheblich niedriger sein. Hieraus folge, daß der Muskel keine Wärmemaschine sein könne, weil er ja tatsächlich bei viel höherer Außentemperatur arbeite.

Der erste Eindruck dieses Einwandes war infolge seiner anscheinend unwiderleglichen mathematischen Fundierung der der Verblüffung. Meine Überlegungen waren von der entgegengesetzten Seite her an diese Frage herangekommen. Weil ich mir sagte, daß die Außentemperatur einen veränderlichen Wert besitzt, hatte ich den Wirkungsgrad als x in die Entropieformel eingesetzt und dann für T_2 der Reihe nach verschiedene Werte innerhalb derjenigen Grenzen gesetzt, mit denen der Organismus praktisch noch zu tun hat. So hatte ich bei einer Außentemperatur von + 34° C einen Wirkungsgrad von 1,29 % bei + 17° C von 6,75 %, bei — 20° C von 18,7 % gefunden. Weitere Überlegungen sagten mir aber, daß die Opposition sich gegen den Muskel als Wärmemaschine richtete, während ich vom Organismus gesprochen hatte. Diese Überlegungen haben sich — auch im Anschluß an ähnliche, von den Herren Geheimräten Zuntz und Rubner in der Diskussion über meinen Vortrag gemachte Einwendungen — zu vier Thesen verdichtet, mit denen ich die Einwürfe beantworte:

1. Der mechanische Wirkungsgrad des Organismus beträgt nicht 30 % und mehr, sondern bei mittlerer Temperatur 1 bis 3 %. Die dem widersprechenden Ergebnisse der Experimentalphysiologie beruhen auf weittragenden Fehlern in den Untersuchungsmethoden, oder genauer, in der mangelhaften Kontrolle der Energiewanderungen und -wandlungen im Verlaufe der Experimente, wodurch die Bilanzen in der Weise beeinflußt werden, daß Posten, die auf die Debetseite gehören, fälschlich auf die Kreditseite gelangen.

2. Der Wirkungsgrad des Organismus als kalorischer Maschine darf nicht berechnet werden, indem man die maximale Arbeitsleistung einer kurzen Zeiteinheit ermittelt, vielmehr kann mit der 24stündigen Nahrungsmenge nur die 24stündige Arbeitsleistung verglichen werden. Wenn der Organismus in der Not einige Sekunden lang Leistungen bis zu einer Pferdekraft vollbringen kann, so verbraucht er in dieser Frist auch pro rata mehr von der Tagesnahrung, als dem Verhältnis dieser Sekunden zum Tage entspricht. Der hierzu erforderliche Akkumulator (Schreber) ist in dem Zuckergehalt des Blutes gegeben.

3. Die Willkür, mit der die Experimentalphysiologen Organismus und Muskel promiscue gebrauchen bzw., mit der sie Schlußfolgerungen von dem einen auf den anderen übertragen, ist nicht gerechtfertigt. Nur der Organismus kann als kalorische Maschine betrachtet werden, der Muskel dagegen ebensowenig, wie die Kolbenstange der Dampfmaschine.

Wie diese, ist er vielmehr eine einfache Maschine. Alle Nachweise, daß der herausgeschnittene oder intakte Muskel keine Wärmemaschine sei, rennen daher offene Türen ein, beweisen aber nichts gegen die Auffassung des Gesamtorganismus als kalorische Maschine.

4. Wir dürfen nicht von Thermodynamik des Muskels schlechtweg sprechen, sondern müssen für die Untersuchung unterscheiden A. Mechanik des Muskels, B. Energetik des Muskels. Die Frage ad A wird durch seine Auffassung als einfache Maschine beantwortet und durch Webers Elastizitätstheorie ausreichend erklärt. Bei der Frage ad B ist zu zeigen, daß der Weg der Energiewanderung im Muskel bis zur Arbeitabgabe vielleicht durch eine Synthese von Engelmanns thermodynamischer Theorie mit der Lehre von der elektrolytischen Dissoziation aufgehellt werden kann.

Das ist mehr, als man in einem kürzeren oder längeren Schlußwort beweisen kann; deshalb soll in dieser Arbeit der Nachweis für die Richtigkeit meiner Behauptungen auf breiterer Basis geliefert werden.

Rein methodisch betrachtet, sind drei Möglichkeiten für die Herkunft der vom Muskel geleisteten Arbeit ins Auge zu fassen:

1. Umsetzung der im Muskel vorhandenen elektrischen Energie in Arbeit.

2. Direkte Umsetzung der chemischen Energie in Arbeit.

3. Umwandlung der chemischen Energie in Wärme, von der dann ein Teil nach Art kalorischer Maschinen in Arbeit umgesetzt wird.

Die Hypothese ad 1 dürfte heute unter den uns von der physikalischen Chemie gelieferten Gesichtspunkten immerhin nicht mehr so leichthin abgetan werden, wie es Heidenhain [65] einst mit den Worten tat, es dürfe kaum nötig sein, umständlicher auf den „offenbaren Irrweg Voits" einzugehen. Auch die Annahme ad 2 ist von Pflüger und Fick durchaus ernster Betrachtung unterzogen worden. Trotzdem erübrigt sich das Eingehen auf die beiden Möglichkeiten an dieser Stelle.*) Denn ich habe mir hier nicht die Aufgabe gestellt, positiv zu beweisen, daß der Organismus nach Art einer kalorischen Maschine arbeite, sondern nur, daß die gegen die Möglichkeit dieser Annahme gerichteten, aus dem zweiten Hauptsatz hergeleiteten Gründe nicht zutreffend sind. Überdies liegt auch die Vermutung nicht fern, daß die Natur eine so wichtige Funktion durch Ausbildung mehrerer Wege gesichert haben wird. Wie der Mann in der Ruhe oder bei mäßiger Arbeitsleistung ausschließlich den abdominalen, die Frau den kostalen Atmungstypus anwendet, während bei starker Inanspruchnahme beide Geschlechter beide Möglichkeiten auszunutzen, so wäre es wohl denkbar, daß der Organismus bei normaler Arbeit als kalorische Maschine funktioniert, während er bei großen Augenblicksleistungen imstande ist, auch elektrische und chemische Energie in Arbeit umzusetzen. Oder ein noch näher liegendes Beispiel dafür, wie die Natur lebenswichtige Funktionen durch mehrfache Möglichkeiten sichert, bieten uns die neuesten Forschungen über die Möglichkeit des Lebens ohne Sauerstoff. Während hiernach die Anaërobiose für gewisse niedere Organismen der einzige Weg des Energieumsatzes ist, hat sie für Warmblüter wenigstens in bescheidenem Maße die Bedeutung eines kompensatorischen Notbehelfs für kurze Fristen behalten.

Wir beginnen nun mit der Eröterung der von der Experimentalphysiologie angegebenen Zahlen über den Wirkungsgrad des Organismus.

---

*) Überdies werden die hier vorliegenden Verhältnisse in dem Kapitel über Energetik des Muskels erwogen werden müssen, insbesondere die Rolle, die der elektrischen Energie im Muskel als Zwischenglied zufällt.

1. Kapitel.

Der mechanische Wirkungsgrad des Organismus.

Der erste, der es unternahm, die Geltung des Erhaltungsgesetzes bei den Umsetzungen der chemischen Energie im Muskel experimentell zu untersuchen, war Helmholtz*) (57 u. 58). Allein diese Untersuchungen kommen für die Frage des mechanischen Wirkungsgrades nicht in Betracht, da Helmholtz seine Aufgabe streng dahin begrenzt, den Nachweis zu liefern,

1. daß während der Aktion der Muskeln eine chemische Umsetzung der in ihnen enthaltenen Verbindungen vor sich geht;

2. daß die im Muskel auftretende Wärme der chemischen Energie entstammt. Weitere Schlußfolgerungen, insbesondere über das quantitative Verhältnis zwischen Wärme und Arbeit, zu ziehen, lehnt er bewußt ab. Wenn in den Lehrbüchern angegeben ist, Helmholtz habe den Wirkungsgrad auf 20 % angenommen, so entstammt diese Zahl nicht experimentellen Untersuchungen, sondern einem rechnerischen Überschlag aus dem Stoffwechsel.

Trotzdem ist besonders die zweitgenannte Arbeit für unseren Gegenstand von großer Wichtigkeit, denn in ihr setzt Helmholtz sich auch mit dem möglichen Einwand auseinander, die Wärme im Muskel könne zum Teil von dem bei

*) Die Vor-Helmholtzsche Literatur siehe bei Heidenhain l. c.

den Experimenten angewandten Reizstrom herrühren. Mit der Frage, ob wir gezwungen sind, seinen Nachweis der Unzulässigkeit dieses Bedenkens als einwandfrei erbracht anzusehen, werden wir uns später in einem anderen Zusammenhange zu beschäftigen haben.

Heidenhain ist dann bewußt über die Helmholtzsche Fragestellung hinausgegangen. Er stellt sich die Aufgabe, zu untersuchen:

1. Wie sich die Wärmeproduktion des Muskels ändert, wenn bei gleicher Reizung und bei gleichem — oder doch nur innerhalb kontrollierbarer Grenzen veränderτem — Erregbarkeitszustande des Nerven und des Muskels die Arbeitsleistung des letzteren innerhalb möglichst weiter Grenzen verändert wird.

2. Ob in dem tätigen Muskel der Stoffumsatz, repräsentiert durch die Säureentwicklung, steigt und fällt mit der Summe der zur Erscheinung gelangenden lebendigen Kräfte.

Aber am Schlusse seiner Arbeit kommt er zu dem Ergebnis, daß seine Versuche nicht nur keine bestimmte Entscheidung gebracht hätten, sondern daß er auch vorläufig überhaupt keinen Weg sehe, zu einem sicheren Resultate zu gelangen, und er schließt sein Buch mit dem resignierten Wunsch, „daß die von mir mit wachsendem Interesse geführte Untersuchung nicht ebenso verfehlt erscheinen möge, wie es allerdings die ihr anfänglich gestellte Aufgabe ist".

Auch Fick, Blix, Bürker u. a. haben unter Änderung der Methode in Einzelheiten gleiche Versuche angestellt, die wir gelegentlich noch streifen werden. Ausführlicher müssen wir aber — gewissermaßen als Paradigma — die Untersuchungen von Danilewsky erörtern.

Danilewsky hat 1880 (81) dieselben Fragen in folgender Formulierung gestellt:

1. „Was für einem Gesetze unterwerfen

sich die quantitativen Beziehungen zwischen einer chemischen Arbeit einerseits, der entwickelten Wärme und der dabei erhaltenen mechanischen Bewegung anderseits?"

2. „Welcher Teil der gesamten entwickelten lebendigen Kräfte des Muskels wird eigentlich auf die mechanische Arbeit als den teleologischen Endzweck verwendet?"

Die Frage zu 1 wird durch den Nachweis der Geltung des Erhaltungsgesetzes auch im Organismus beantwortet. Wie Heidenhain, so findet auch Danilewsky den experimentellen Beweis dafür wegen der derzeitigen mangelhaften Kenntnisse von den qualitativen und quantitativen Verhältnissen der chemischen Metamorphose fast unmöglich. Nun, dieser Beweis ist ja inzwischen von Rubner erbracht und von Atwater bestätigt worden. Für unser Thema interessiert uns aber hauptsächlich Danilewskys Beantwortung der Frage ad 2. Diese versucht er aber in der ersten Publikation (1880) überhaupt nicht, sondern gibt als Resultat seiner Arbeit nur an: „Wenn der sich kontrahierende Muskel einmal eine äußere nützliche Arbeit leistet, und ein anderes Mal die letztere aber gleich Null sei, so wird der Wärmeüberschuß im zweiten Falle der im ersten Falle verrichteten Arbeit äquivalent sein."

Wenn wir die Methodik der bisher erwähnten Untersuchungen betrachten, so glaube ich, mehrere Fehlerquellen gefunden zu haben, durch die die erzielten Resultate hinfällig werden. Helmholtz, Heidenhain und die anderen genannten Forscher arbeiteten hauptsächlich am isolierten, dem Kreislauf entzogenen Froschmuskel, der frei hing, und, durch Induktionsschläge zur Kontraktion gereizt, ein ihm angehängtes Gewicht hob. Danilewsky wählte bei einem Teil seiner Versuche statt des Induktionsstromens die mechanische

Erschütterung als Reiz. Die durch die Kontraktion geleistete Arbeit wurde aber bei Helmholtz und Heidenhain rückgängig gemacht, wenn nach Beendigung jeder Kontraktion das Gewicht wieder sank. Für das Ziel, das Helmholtz sich gesteckt hatte, war diese Tatsache gleichgültig und brauchte nicht berücksichtigt zu werden. Dagegen bedeutete ihre Nichtbeachtung durch Heidenhain einen Fehler. Denn die rückgängig gemachte Arbeit kehrte zum größten Teil als Wärme und Energie der Lage in den Muskel zurück und fälschte das quantitative Messungsergebnis. Heidenhain hätte dafür sorgen müssen, daß die Arbeit auf der Höhe jeder Kontraktion aus dem System herausgenommen wurde. Diesen Fehler hat Fick erkannt und durch seinen Arbeitssammler ausgeschaltet. Seine Korrektur ist aber nicht durchgehend berücksichtigt worden; wir werden sehen, daß auch bei den späteren Untersuchern noch rückgängig gemachte Arbeit positiv berechnet worden ist.

Eine, vielleicht die hauptsächlichste Ursache dieser Fehlerquelle glaube ich in dem von der Physiologie konservierten Oberbegriff „Lebendige Kraft" für Wärme + Arbeit gefunden zu haben, durch den die Begriffe „Arbeit" und „Wärme" sich verwischen und ineinander übergehen. Die tiefste Ursache dieser Begriffstrübung liegt in der von der Physiologie zum Dogma erhobenen atomistisch-mechanistischen Hypothese der Wärmeerklärung. Nun muß es uns als physikalischen Laien durchaus fernliegen, etwa in dem Streit der theoretischen Physiker zwischen Mechanisten und reinen Energetikern Partei ergreifen zu wollen. Eine Theorie, die von Helmholtz verfochten und bis auf den heutigen Tag von Männern wie Hertz, Boltzmann, Nernst u. a. vertreten worden ist, werden Außenstehende sich hüten, einer Kritik zu unterziehen. Wir schauen mit Ehrfurcht auf die Früchte, die wir dieser Hypothese verdanken, von denen hier nur die kinetische Gastheorie genannt sei, und die Ehrfurcht vor den Erfolgen wird nicht geringer, selbst wenn wir nicht von einer Arbeitshypothese, sondern mit Vaihinger nur von einer Fiktion sprechen. Aber alle diese Physiker waren und sind sich stets des Hypothetischen der Lehre bewußt und haben nie gezögert, auch die aus ihr sich ergebenden Schwierigkeiten in den Vordergrund zu rücken. Es ist interessant, darüber Planck zu hören: „Wäre Helmholtz heute unter uns versetzt, er würde zweifellos über gar vieles, was er von physikalischen Dingen hörte, erstaunt den Kopf schütteln." — „Aber auch den Theoretikern hat sich ein gutes Stück des bei den Praktikern herangebildeten Wagemutes mitgeteilt, sie gehen jetzt mit einer für frühere Zeiten unerhörten Kühnheit ans Werk, kein physikalischer Satz ist jetzt vor Anzweifelungen sicher, alle und jede physikalische Wahrheit gilt als diskutabel."

Es steht uns als Biologen nicht zu, zwischen Helmholtz und Ostwald zu richten. Wohl aber dürfen wir als interessierte Zuschauer die neuen Wege der theoretischen Physik verfolgen, und da scheint es sich denn zu zeigen, daß wieder einmal durch die fortschreitende Erkenntnis zwei anscheinend gegensätzliche Begriffe als verschiedene Seiten eines umfassenderen Oberbegriffes friedlich vereint werden. Nach dem von Lorentz, Einstein und Minkowski aufgestellten Relativitätsprinzip besitzt die unseren Beobachtungen zugängliche physikalische Welt vier vollkommen gleichberechtigte und vertauschbare Dimensionen. Drei von ihnen nennen wir den Raum, die vierte die Zeit, und aus jedem physikalischen Gesetz lassen sich durch Vertauschung der darin vorkommenden Weltkoordinaten drei andere Gesetze ableiten. Planck schließt daraus: „Den räumlichen Dimensionen entspricht das (dreifache) Prinzip der Bewegungsgröße, der zeitlichen Dimension entspricht das Prinzip der Energie.*) Niemals war es früher möglich, die tiefere Bedeutung und den gemeinsamen Ursprung dieser Prinzipien soweit zurück bis zur Wurzel zu verfolgen. Auch das Ver-

*) Hiernach ist es vielleicht mehr, als eine äußerliche Analogie, wenn Hort (66) es unternimmt, die Entropie mit Hilfe des Begriffes der Zeitgröße zu veranschaulichen. Vielleicht sogar mehr, als er ahnt, denn er definiert im Gegensatz zu Krauß (81) Energie und Materie als dingliche Größen, während die Entropie eine begriffliche Größe sei.

hältnis der mechanischen zur energetischen Naturanschauung rückt durch diese Auffassung in eine neue Beleuchtung. Denn wie die energetische Naturanschauung auf dem Energieprinzip, so fußt die mechanische Naturanschauung auf dem Prinzip der Bewegungsgröße." — „Jede der beiden Naturanschauungen, die mechanische wie die energetische, leidet somit an einer gewissen Einseitigkeit, wenn auch die erstere der zweiten insofern wesentlich überlegen ist, als sie entsprechend dem vektoriellen Charakter der Bewegungsgröße, drei Gleichungen liefert, die energetische dagegen nur eine einzige Gleichung."

Also in der theoretischen Physik bleiben die Anschauungen im Fluß. Anders die Biologen. Nachdem sie die atomistisch-mechanistische Erklärung der Wärme als willkommenen Fund von der theoretischen Physik herübergenommen hatten, erstarrte sie sehr bald zum unanfechtbaren Dogma, und man beachtete gar nicht mehr die wandelnden Schicksale dieser Hypothese im Lager der Physiker. „Wärme ist Bewegung, also kinetische Energie", so gestaltete sich die Hypothese bei den Biologen und wurde so zur Brücke für die Konservierung des gemeinsamen Begriffes „Lebendige Kraft" für Wärme + Arbeit. In der Eile vergaß und vergißt man nun sogar oft, daß Wärme selbst nach dieser Theorie nicht Bewegung schlechthin, sondern ungeordnete Bewegung ist. Gerade diese Eigenschaft ist es aber, die uns, unabhängig von der Theorie, den bleibenden Unterschied zwischen Wärme und Arbeit vor Augen führt. Hier zeigt sich also neben der Kanonisierung der physikalischen Hypothese auch ein unglückliches Mißverständnis, das zu einer unzulässigen Verallgemeinerung führt. F. Kraus muß unter den Biologen vorläufig noch als weißer Rabe gelten, wenn er sagt:*) „Die

*) Deutsche Revue, Oktober 1911.

Hypothese, daß alle physikalischen Vorgänge sich vollständig auf Bewegungen von unveränderlichen, gleichartigen Massenelementen zurückführen lassen, ist gegenüber der gegenwärtigen Entwicklung der Physik nicht mehr durchführbar, es ist kein Postulat der physikalischen Forschung mehr, alle Vorgänge in der Natur auf Bewegung zurückzuführen, es muß nicht überall, wo Energie ist, auch Bewegung und Bewegtes sein." In der Physiologie im engeren Sinne hat allerdings O. Frank schon in seiner „Thermodynamik des Muskels" die einseitige Dogmatisierung der mechanistischen Hypothese durch seine Fachgenossen mit Schärfe gegeißelt. „Sie verhüllen oft geradezu die Darstellung der einfachsten Tatsachen, so daß man sich nur mit Mühe zu ihnen durcharbeiten kann. Hier kann man nicht mehr sagen, daß die Darstellung durch die Vermischung mit derartigen Hypothesen vereinfacht wird. Man lese z. B. die Einleitung von dem zweiten Teil der Fickschen Monographie: Wärmeentwicklung bei der Muskeltätigkeit durch, S. 144 bis 152, und man wird meinen Auslassungen zustimmen müssen." — „Diese Sucht, alles durch die Bewegungen der Moleküle oder der Atome zu erklären, übertrug sich auch auf die rein physiologischen Spekulationen. Während sich aber die physikalischen Molekulartheorien noch durch präzise Begriffsbestimmungen und Zuweisung bestimmter mechanischer Eigenschaften der Moleküle zu bestimmten Erscheinungen, die man durch eine mechanische Theorie zu erklären versuchte, auszeichnete, war man bei der Aufstellung von physiologischen Molekulartheorien viel leichtfertiger, ja, man legte den Molekülen, bzw. den kleinsten Teilchen Eigenschaften zu, die sie in keiner physikalischen und chemischen Theorie haben, ohne zu erklären, daß man damit etwas Neues geschaffen hatte. Man kam über ganz vage mechanische Analogien nicht hinaus."

Es ist nach dieser, wenn auch erst nachträglich entdeckten, autoritativen Bestätigung keine überkühne Ketzerei, wenn ich es unternommen habe, darzutun, daß in der einseitig mechanistischen Auffassung energetischer Vorgänge letzten

Endes eine der Ursachen zu finden ist, durch die die Ergebnisse vieler Untersuchungen über thermodynamische Vorgänge im Muskel getrübt erscheinen. Hier sei nur auf ein Beispiel hingewiesen, das im letzten Kapitel ausführlicher erörtert wird. Es ist dort gezeigt, daß Rubner die letzten Konsequenzen seiner so bedeutsamen Entdeckung der „spezifisch-dynamischen Eiweißwirkung" nicht ziehen konnte, weil er von einer „dynamischen" Wirkung spricht, während der beschriebene Vorgang gerade als „adynamisch" bezeichnet werden muß. Auch das ist eine Folge der Verwischung der Grenzen zwischen Wärme und Arbeit.

Wir haben nicht verkannt, daß die Mechanistik als Arbeitshypothese sehr fruchtbar gewesen ist und noch immer sein kann. Wir haben aber auch gesehen, daß sie anderseits zum Hindernis weiterer Erkenntnis werden kann. Daß gerade da, wo sie versagt, die „reine Energetik" als Arbeitshypothese in der Biologie uns neue Erkenntnisse zu vermitteln berufen ist, werden wir ausführlich im letzten Kapitel an dem Beispiel von Bircher-Benners Nährwerttheorie dartun.

Der Ausgangspunkt für diese prinzipiellen Erörterungen waren die Untersuchungen von Danilewsky über thermodynamische Vorgänge im Muskel gewesen. Uns interessiert aber in erster Reihe das quantitative Verhältnis, in dem nun in der Wirklichkeit die produzierte Arbeit zu der übriggebliebenen Wärme steht, und darüber hat Danilewsky in seiner ersten Arbeit gar nichts ausgesagt. Außerdem beziehen sich die Versuche gar nicht auf die der chemischen Energie der Nahrung entstammende Wärme, sondern auf solche, die durch Umwandlung von außen zugeführter Arbeit in den Muskel gelangt. Die Frage nach dem quantitativen Verhältnisse, in welchem sich aus der chemischen Energie teils Arbeit, teils Wärme entwickelt, nimmt Danilewsky dann drei Jahre später in einer zweiten Arbeit [32] wieder auf. Auch diese Arbeit beschäftigt sich in ihrem größten Teile mit der Wärmebilanz. Erst am Schluß wendet er sich der Frage zu: „Welchen Bruchteil der ganzen Summe der entwickelten Kraft bildet seine tägliche mechanische Arbeit?" Diese Frage hält er für leicht zu entscheiden, wenn man die gesamte Wärmeproduktion des Menschen kennt, und zwar rechnet er: Die mechanische Leistung eines Arbeiters in einer Sekunde nimmt man mit 7 kgm an; bei achtstündiger Arbeitszeit bekommen wir so die ganze Summe seiner mechanischen Leistungen täglich rund zu 200 000 kgm. Da die gesamte tägliche Kraftproduktion = 1 371 000 kgm beträgt, so wäre das Verhältnis 1 : 6,85. Dazu kommen die Arbeit des Herzens und der Atemmuskeln, die statische Arbeit und die akzessorischen Muskelkontraktionen mit ca. 100 000 kgm. Dann steigt der Quotient auf $\frac{300\,000}{1\,371\,000} = \frac{1}{4,6}$. Diesen Quotienten gibt er für den Gesamtorganismus an. Für die „eigentlich dynamischen Maschinenmuskeln" bringt er nach F i c k s und eigenen Arbeiten bis zu ½ und darüber. Diese letzteren Zahlen haben für uns kein Interesse, da später gezeigt werden wird, daß der Muskel nur als einfache Maschine anzusehen ist, der Gesamtorganismus aber als kalorische Maschine. Die quantitativen Verhältnisse beider zwischen Wärme und Arbeit sind daher überhaupt nicht kommensurabel.

Wenn aber seine Zahlen für den G e s a m t o r g a n i s m u s richtig sind, der Nutzwert also ca. 20 bis 30 % beträgt, dann ist meine Auffassung des Organismus als kalorische Maschine, wie aus der in der Einleitung angeführten Berechnung O s t w a l d s erhellt, als unrichtig erwiesen.

In Wahrheit hat D a n i l e w s k y aber eine Milchmädchenrechnung geleistet. Einen Menschen, der 60 mal 60 mal 7 mal 8 kgm hintereinander ohne Ruhepause in 8 Stunden leistet, hat es noch nicht gegeben. Weitere Fehlerquellen, die wir später noch erörtern werden, sind die Gleichsetzung der statischen Arbeit sowie der Arbeit des Herzens und der Atemmuskeln mit solcher Arbeit, die nach außen abgegeben wird.

Ich habe demgegenüber nach derselben Methode an einigen Beispielen, deren Zahlen aber der Wirklichkeit nach den Angaben zuständiger Handwerksmeister entnommen sind, die tatsächliche Arbeitsleistung des Menschen berechnet und dabei Quotienten gefunden, die für die Auffassung des Organismus als Wärmemaschine kein Hindernis bilden. Um die Verhältnisse möglichst einfach und übersichtlich zu gestalten, habe ich Beispiele gewählt, in denen die Arbeit möglichst direkt der Schwere entgegen geleistet wird. — Eine Pflasterramme wiegt 25 bis 30 kg; der Arbeiter hebt sie jedesmal ca. 35 cm hoch, und zwar in je 4½ Sekunden einmal, also 13,4 mal in der Minute. Nach je 5 Minuten Arbeit ist 10 Minuten Pause, so daß die Stunde für ihn 20 Minuten hat. Die übliche Arbeitszeit ist 8½ Stunden. Demnach leistet er 30 mal 0,35 mal 13,4 mal 20 mal 8,5 = 23,906 kgm, die 56,1 Kal. äquivalent sind. Er verbraucht also als Arbeit 56,1 von 3000 Nahrungs-Kal., d. i. 1,87 %. — Als Kontrollrechnung folge ein zweites Beispiel aus anderen Verhältnissen. Eine Erdramme wiegt nur 12 bis 15 kg. Sie wird ebenfalls 35 cm hoch gehoben, und zwar in einem 3-Sek.-Tempo. Nach 10 Minuten Arbeit ist 10 Minuten Pause, so daß die Arbeitsstunde 30 Minuten hat. Die Arbeitszeit beträgt ebenfalls 8½ Stunden. Der Arbeiter leistet also 15 mal 0,35 mal 20 mal 30 mal 8,5 = 22,950 kgm, die 54 Kal. äquivalent sind, das sind von 3000 Kal. 1,8 %. Diese ökonomischen Koeffizienten entsprechen schon eher denjenigen, die ich, wie dargestellt, rechnerisch durch Einsetzen der verschiedenen, auf der Erde vorkommenden Temperaturen für T_2 erhalten habe.

Günstiger ist der Quotient bei Steigarbeit. Ein 80 kg schwerer Bergsteiger, der 1200 m steigt, wandelt 80 mal 1200 = 96 000 kgm = 225 Kal. in Arbeit um, das sind von 3000 Kal. 7,5 %. Wislicenus hat bei seiner klassischen, gemeinsam mit Fick unternommenen Besteigung des Faulhorns 148 656 kgm geleistet, das wären von 3000 Kal. sogar 11,6 %. Bei einem Steinträger, der bei 8½ stündiger Arbeitszeit 58 mal 104 kg und 80 kg eigenes Gewicht 4 m hoch auf die erste Etage eines Neubaues trägt, entfallen 3,3 % von 3000 Kal. auf Arbeit. Trägt er aber dieselbe Last 43 mal 16 m hoch auf die vierte Etage, so steigt die Nutzung auf 9,9 %.

Die Quotienten bei Steigarbeit — betrachten wir als die höchste der ermittelten Zahlen die 11,6 % von W i s l i c e n u s

— sind zunächst ein Hindernis für unsere Auffassung. Immerhin bleiben sie in weitem Abstande hinter den als gültig angenommenen Quotienten von 20 bis 40 % zurück. Aber vielleicht müssen sie doch noch wesentlich reduziert werden. Bisher haben wir die Nahrung mit rund 3000 Kal. angenommen. Zwei Wege sind nun möglich, auf denen sich der wirkliche Verbrauch an chemischer Energie ändern könnte. Einmal vermehrte Nahrungsaufnahme, dann Verbrauch eigenen Fettes. Die erstgenannte Annahme dürfte überwiegend bei den Steinträgern zutreffen, die bekanntlich sehr starke Esser sind. Grasmann hat aus den Beobachtungen einer Reihe von Physiologen Mittelwerte des Nahrungsverbrauchs in 24 Stunden gezogen und gibt für angestrengte Arbeit 7600 Kal., bezogen auf 100 kg Lebendgewicht, an (zitiert nach Schreber). Legen wir diese Zahl beim 80 kg schweren Steinträger zugrunde, so reduziert sich die Höchstleistung von 9,9 auf 5,10 %. Auch haben sie nicht immer Arbeit, so daß man in Zeiten großer Anstrengung auch eine mäßige Gewichtsabnahme voraussetzen darf. Ferner ist in Betracht zu ziehen, daß man die Leistung der Steinträger tatsächlich als die Grenze der Leistungsfähigkeit anzusehen berechtigt ist, weshalb sie ja auch so gut bezahlt werden. Ein Beispiel: Der alte Fräntzel pflegte in seinen Kursen einen früheren Steinträger mit schwerer Dilatatio cordis vorzustellen. Der Mann war gewöhnt gewesen, stets 32 Mauersteine zu tragen. Eines Tages machte er den Versuch, 33 Steine zu laden, und der Erfolg war die akute maximale Herzerweiterung. — Hervorragend beteiligt dürfte der Verbrauch eigenen Fettes aber bei den Bergsteigern sein. Bei einer steilen Bergtour von 1956 m ist schon mit mehr als 3000 Nahrungskalorien zu rechnen. Bei einem derartig forcierten Berganmarsch schmilzt aber, wie jedermann weiß, sicherlich eigenes Fett ein. Für den vorliegenden Fall kann man eine sehr erhebliche Mehrzersetzung schon daraus annehmen, daß für Fick durchschnittlich 120 Pulsschläge und 25 Atemzüge in der Minute angegeben werden, wobei zu berücksichtigen ist, daß die Atemzüge beim Bergsteigen auch tiefer sind, also mehr O. befördern. Nimmt man nur ½ kg an, so ständen dadurch 500 mal 9,3 = 4650 Kal. mehr zur Verfügung, woraus sich selbst ohne erhöhte Nahrungsaufnahme bei 3000 + 4650 verbrauchten Kalorien nur noch 4,5 % Nutzung ergäben.

Also auch die Quotienten bei Steigarbeit sind nur scheinbar höher, als mit der Anwendung des Entropiesatzes in Einklang zu bringen ist. Die hier ermittelten Ziffern vertragen auch noch einen 5—10 %igen Zuschlag für akzessorische Arbeiten (häusliche Beschäftigung u. dgl.), besonders, wenn man die unbestreitbare Tatsache berücksichtigt, daß wir mit zunehmender Hitze weniger Arbeit leisten. Wie wir aus Grasmanns Ermittelungen gesehen haben, sind 3000 Nahrungs-Kal. bei angestrengter Arbeit auch zu niedrig angenommen.

Nun hat Zuntz in der Diskussion über meinen Vortrag eingewendet, daß der Mensch in der Not Sekundenleistungen bis zu 1 PS und darüber vollbringen kann. Diese Frage ist schon früher in einer Kontroverse zwischen Zuntz und dem Physiker Prof. Schreber (151) erörtert worden. Schreber hatte in einer Untersuchung über die Möglichkeit, den Menschen als kalorische Maschine aufzufassen, sich bereits selbst die Schwierigkeit vor Augen gehalten, die in den großen Augenblicksleistungen für diese Auffassung liegt. v. Bach habe an der Feuerspritze Sekundenleistungen von 0,5 PS beobachtet, und bei Lebensgefahr sollen sie weit über 1 PS gesteigert werden können. Schreber versucht es, diese Tatsachen mit der Auffassung des Organismus als Wärmemaschine durch folgende Überlegung in Einklang zu bringen: Bei der Anstellung von Versuchen und Beobachtungen werde man wesentlich beachten müssen, daß der Mensch nicht als einfache kalorische Maschine angesehen werden darf, auf welche der zweite Hauptsatz ohne weiteres angewendet werden kann. Vielmehr werde man den Menschen mit einem Elektrizitätswerk vergleichen können, welches eine große Akkumulatorenanlage besitzt. „Dem zweiten Hauptsatz unterworfen ist nur die die Anlage treibende Dampfmaschine. Würde man den Wirkungsgrad derselben bestimmen wollen durch Vergleich der durch den Schornstein abziehenden Kohlensäure, welche als Maß der verbrannten Kohlenmenge dienen kann, mit der in derselben Zeit nach außen abgegebenen elektrischen Energie zur Zeit der vollsten Belastung des Werkes, wenn also die Akkumulatoren auch voll in Anspruch genommen sind, so würde man sicherlich zu einem viel zu großen Wirkungsgrad gelangen; während zu anderen Zeiten, wo alle von der Dampfmaschine gelieferte Energie zum Laden der Akkumulatoren verwendet wird, der Wirkungsgrad der Maschine scheinbar gleich Null wird." — Hierauf hat Zuntz geantwortet, auch dieser Gedanke sei nicht neu. Erhebliche Energieaufspeicherung könne aber in unserem Körper nicht stattfinden, das werde durch die kalorimetrischen Versuche von Rubner, Atwater und Benedikt am ruhenden Menschen bewiesen. Durch diese Versuche, deren Fehlergröße 1 % des Wertes nicht übersteige, sei gezeigt worden, daß bei Hunden und Menschen die in der Ruhe abgegebene Wärme der vollen Verbrennungswärme der gleichzeitig umgesetzten Nährstoffe gleichkommt, eine Speicherung von Energie also nicht in nennenswertem Maße stattfinde. Schreber antwortet darauf nochmals, indem er zeigt, daß eine Fehlergrenze von 1 % bei weitem zu ungenau sei und die Beweiskraft der Versuche vernichte. *Die Frage hat aber in quantitativer Hinsicht durch meinen Nachweis des niedrigen Wirkungsgrades des Organismus an Bedeutung verloren. Der von Schreber postulierte Akkumulator ist vorhanden und für die kurz dauernden großen Ausnahmeleistungen ausreichend groß.* Ein elektrischer Akkumulator enthält bekanntlich keine Spur von elektrischer Energie, sondern nur chemische Energie, deren Gleichgewicht so labil gemacht ist, daß ein Fingerdruck genügt, um sie in elektrische Energie umzuwandeln. Ebenso haben wir uns den Akkumulator in unserem Organismus aus solcher chemischen Energie bestehend zu denken, die so weit präpariert ist, daß sie mit Sekundenschnelle zu Arbeit werden kann. Ich möchte an Stelle des Akkumulators zum Vergleich eine Schleuse heranziehen. Ist diese gefüllt, dann fließt der Überschuß in der natürlichen Stärke des Wasserlaufes ab. Muß die Schleuse aber eine kurz dauernde Arbeit leisten, dann ist sie nachher auch eine Zeitlang „müde“ und arbeitsunfähig, bis das Wasser sein altes Niveau wieder erreicht hat. Im Falle des Organismus bedeutet nun in erster Linie der Blutzucker, alsdann das Glykogen das Vorratswasser der Schleuse. Wir können die Präparierung der Brennstoffe im Körper mit Vorgängen aus der Ökonomik vergleichen. Dort gibt es Rohstoffe, Halbzeug in den verschiedensten Graden der Umwandlung und endlich Fertigfabrikate. Die Rohstoffe bedeutet die Nahrung im Darm. Die verschiedenen Grade der Halbzeugwaren werden durch die Hauptetappen Fett, Stärke, Glykogen, Zucker gekennzeichnet. Das Halbzeug κατ' ἐξοχήν ist die Stärke. Zum sofortigen Gebrauch, wie die chemische Energie im Akkumulator, ist nur der Zucker bereit, und für diesen bildet das schnell in Zucker umwandelbare Glykogen einen stets zur Verfügung stehenden Ersatz. Rechnen wir die Blutmenge eines 70 kg schweren Mannes ($^1/_{13}$ des Körpergewichts) mit 5,3 kg, und den Zuckergehalt des Blutes mit 0,08 % (0,06 bis 0,1), so enthält das Blut ca. 4½ g Zucker. Diese entsprechen 4,25 mal 4,100 = 17,4 Kal. oder 7433 kgm. 7433 : 75 = rund 100 PS. Von diesen dürften bei einer Nutzung von 3 bis 4 % für einen Tellsprung, bei dem wie bei jeder übergroßen Anstrengung sicherlich fast alle Muskelgruppen beteiligt sind, eine genügende Menge unmittelbar für die Muskeln bereitstehen. Sofortiger Ersatz steht im Glykogen zur Verfügung. Aber auch Stärke verbrennt ja noch weit schneller als Fett. Letzteres bildet die Reserve für lang dauernde Arbeit im Hunger, wobei allmähliche Umwandlung in Zucker genügt. Schreber erwähnt besonders Schiffbrüchige, die ohne Nahrung viele Tage lang schwer arbeiten können. 1 g Fett repräsentiert 9,3 Kal., 1 kg also 9300 große Kalorien. Den Tagesverbrauch zu 3000 Kal. angenommen, würde der Schiffbrüchige also von einem Fettverlust von 5 kg 15½ Tage leben und arbeiten können, wobei vorausgesetzt ist, daß sein Eiweißbestand vorhält. Was nun die Leistung von ⅛ PS an der Feuerspritze betrifft, so müssen wir, wenn sie etwa für länger als einige Sekunden gelten soll, uns fragen, wieviel davon wirklich nach außen als Arbeit abgegeben, und wieviel rückgängig gemacht wird.

So ist also die Schleusenanlage des Organismus vollkommener, als die von Menschenhand erbaute, denn sie wird nie gänzlich arbeitsunfähig, weil bei ihr dem Hauptstaubecken ein rückwärts gelegenes Reservebecken in Gestalt von Glykogen zur Verfügung steht, das ein fast sofortiges Nachfüllen wenigstens in einem Maße ermöglicht, daß der Lebensprozeß auch des Übermüdeten nicht völlig stockt. Auch die Weiterverarbeitung von Kohlenhydrat und Fett wird doch durch den Verbrauch von Zucker und Glykogen automatisch angeregt.

Diese Eigenschaft des besprochenen Mechanismus, nämlich die verschiedene Geschwindigkeit in der Bereitstellung der verschiedenen Halbzeugbrennstoffe für die Verwandlung in Arbeit und Wärme, bedingt allerdings das Auftreten einer Grenze für den Stoffverbrauch und scheint die Erklärung für eine scheinbar paradoxe Beobachtung hergeben zu können, die in neuerer Zeit mehrfach beschrieben, aber nicht befriedigend erklärt worden ist: Die gelegentlich auftretende Hypothermie nach längerer schwerer Arbeit (Lefèvre, Chistoni). Nimmt man aber an, daß durch längere Überanstrengung einmal die Zucker- und Glykogenbestände stark gelichtet sind, während das Tempo der Fettverbrennung dem Bedarf nicht entsprechend schnell zu folgen gestattet, dann erklärt es sich ungezwungen, daß nach längerer schwerer Arbeit eine Zeitlang ein Zustand bestehen kann, bei dem quantitativ weniger Verbrennungswärme vorhanden ist, als im normalen Ruhezustande, was bei gleichbleibender Wärmekapazität des Körpers auch die Temperatur herabsetzen muß. Hier ist der Organismus nämlich trotz der Reserveschleuse ungünstiger gestellt, als die Wasserschleuse, und zwar wegen der Verschiedenheit der an beide gestellten Ansprüche. Die Tätigkeit der Schleuse geschieht in einem regelmäßigen Turnus zwischen Arbeit und absoluter Ruhe, so daß der Zufluß unverkürzt zur

Neuansammlung im Staubecken dienen kann. Der Organismus kennt dagegen keine absolute Ruhe, sondern muß immer ein Verbrennungsminimum leisten. In seinem Staubecken sinkt die Füllung daher im Normalzustande nicht unter ein bestimmtes Niveau (Zucker, Glykogen). Geschieht dies aber durch übermäßige und übermäßig schnelle Inanspruchnahme doch einmal, dann muß Hypothermie die Folge sein.

So scheitert also der Einwand von Zuntz daran, daß es unmöglich ist, für kurze Fristen den Verbrauch von Nahrungsenergie und die Arbeitsleistung mittels des Gaswechsels zu vergleichen. Auch Ficks Arbeitssammler kann, wie jeder Dynamometer, für diese kurzfristigen Parforceleistungen nur die absolute Menge der geleisteten Arbeit angeben, er sagt aber nichts aus über die dazu wirklich verbrauchte chemische Energie.

Nun hat Zuntz aber noch einen zweiten Einwand gemacht, der das thermodynamische Gefälle betrifft. Er behauptet, da jede Muskelfaser eine Maschine für sich sei, so müsse die Temperatur der Umgebung der Faser, also des Körperinnern, die untere Temperatur des Gefälles sein. Auf diesen Teil des Einwandes werden wir bei der Energetik des Muskels einzugehen haben. Dagegen müssen wir den Einwand hier insofern berücksichtigen, als er sich mit der Feststellung der unteren Temperatur für den Gesamtorganismus beschäftigt. Zuntz und Schreber stimmen darin überein, daß dies die Temperatur der Hautoberfläche ist. Nehmen wir diese vorerst einmal mit Schreber mit 31° C. an, so bliebe rechnerisch eine Nutzung von 2,25 % möglich. Nun hat Zuntz selbst darauf hingewiesen, daß der Kuli gewaltige Wassermassen auf Haut- und Lungenoberfläche verdunstet. Er hat aber als Nutzen dieser Verdunstung nur die Verhütung der Überhitzung des Körpers angegeben, während er die Abkühlung der Körperoberfläche, auf die es hier doch gerade ankommt, gar nicht erwähnt. Dagegen weist Schreber mit Nachdruck darauf hin: „Die untere Grenze des Temperaturgefälles wird hier geradeso bestimmt, wie bei einem Oberflächenkondensator, dessen Röhrensystem nicht durch Kühlwasser, sondern vielleicht durch verdunstende flüssige Kohlensäure gekühlt wird. Obgleich schließlich die abgeführte Wärme von der Luft aufgenommen wird, so muß doch als unterste Temperatur des Temperaturgefälles die sicherlich unter Lufttemperatur liegende Temperatur der gekühlten Röhren gesetzt werden. Die Temperatur der Luft ist hier wie beim indischen Kuli ganz gleichgültig." — Wer einmal bei starker Transpiration den Hut abgenommen hat, der hat an seiner Stirnhaut gefühlt, wie bedeutend die Kühlung durch Verdunstung ist. Nehmen wir die Temperatur der Haut unter solchen Verhältnissen nur mit 25° C an — der Kuli ist bei der Arbeit so gut wie unbekleidet —, so ist die rechnerische Nutzung 3,3 %. Da wir die Arbeit des Kulis nicht schwerer, als die des Rammers (1,8 %) anzunehmen brauchen, so bleibt auf Rechnung der Irreversibilität noch ein erhebliches Quantum abziehbar. Das Verhältnis wird aber noch günstiger, wenn wir auch beim Rammer Grasmanns Zahl von 7600 Nahrungskalorien pro 100 kg Lebendgewicht zugrunde legen. Das Verhältnis der Arbeit zur Wärme dürfte dann kaum 1 : 100 überschreiten.

Nun hat mir auch Rubner einen ähnlichen, aber auf anderer Begründung fußenden Einwand gemacht, den der kurze Diskussionsbericht in der Med. Kl. wie folgt wiedergibt: „Herr Rubner glaubt gleichfalls die Schlußfolgerungen Simonsons ablehnen zu müssen. Aus den klimatischen Erfahrungen lassen sich gar keine Schlüsse für die vorliegende Frage ziehen, die Arbeitsleistung ist von der Außentemperatur, auch wenn sie über der Bluttemperatur steht, nicht nachteilig beeinflußt, vorausgesetzt nur, daß die Luft ausreichende Trockenheit besitzt." Dieser Einwand fußt auf zwei früheren Arbeiten Rubners über die wissenschaftlichen Grundlagen der Desinfektion (188) und über Erwärmung poröser Objekte (187). Er zeigt dort durch Experimente, daß zur Tötung pathogener Bakterien heißer Dampf und heißes Wasser wirksamer seien, als trockene, heiße Luft von derselben Temperatur; die trockene Luft muß erheblich höhere Temperaturen haben, als die feuchte Luft und das Wasser, um dasselbe zu leisten.

Um nun zu einem Verständnis der Rubnerschen Ergebnisse und zu einer Würdigung seiner Kritik zu gelangen, müssen wir scharf zwei verschiedene Wege auseinanderhalten, auf denen der Körper ebenso wie die Dampfmaschine Wärme abgibt: Einmal durch Leitung an die äußere Luft, d. i. einfachen Übergang (gewöhnlich wird hiervon noch Strahlung abgezweigt), dann aber, indem er warme Körper aus sich herausbefördert. Der zweitgenannte Weg der Temperaturabgabe ist der wichtigere und wäre bei idealen Maschinen sogar der einzige. Die Wärmeabgabe durch Leitung und Strahlung ist sowohl bei der Dampfmaschine wie — thermodynamisch betrachtet — auch bei dem Organismus eine Folge ihrer „Unvollkommenheit“.

Wir geben als warme Körper, wenn wir von den Se- und Exkreten absehen, hauptsächlich Wasser und Wasserdampf ab (Perspiration, Schweiß Atmung). Ebenso schafft die Dampfmaschine hauptsächlich durch Herausbefördern von heißem Dampf Wärme heraus. Die Dampfwärme geht in die Außenluft, nicht an die Körper- bzw. Maschinenoberfläche, bei der Maschine durch den Schornstein, beim Menschen durch die Luftwege und die Haut. Man kann selbstverständlich heiße Körper in einen noch heißeren Raum bringen, solange Platz darin ist. In der Luft der Außenwelt ist für Wasserdampf Platz, solange sie nicht gesättigt ist.

Bei der Dampfmaschine ist der Weg der Wärme durch den Schornstein der einzig erwünschte und ihrem Charakter entsprechende. Man kann sich gut eine Lokomotive vorstellen, deren sämtliche Teile aus Asbest oder einem noch schlechteren Wärmeleiter bestehen, ja das Material der idealen Maschine müßte absoluter Nichtleiter sein. Dagegen ist eine Lokomotive ohne Schornstein undenkbar. Anders verhält sich der Organismus. Seine einzige Aufgabe ist nicht, wie die der Maschine, Arbeit abzugeben, sondern bei ihm hat die

Wärmeabgabe durch Leitung und Strahlung eine durch die „physikalische Regulation" gekennzeichnete biologische Bedeutung. Dieser Unterschied beruht zunächst darauf, daß die Dampfmaschine nur einen Schornstein hat, der also von vornherein in solchen Dimensionen gebaut werden muß, daß er jeder zu erwartenden Inanspruchnahme ein für allemal genügt. Durch die Kesselwand kann die Maschine keinen heißen Dampf abgeben. Dagegen hat die Haut des Organismus zwei Wege der Wärmeabgabe. Erstens, wie erwähnt, durch Leitung und Strahlung, die hier nicht, wie bei der Maschine, eine Unvollkommenheit bedeutet, sondern eine physiologische Einrichtung ist. Dann aber ist die Haut auch ein zweiter Schornstein, der neben den Luftwegen funktioniert, denn sie gibt im Gegensatz zur Kesseloberfläche warmen Dampf und erforderlichenfalls sogar warmes Wasser ab.

Arbeitet nun der Kuli in trockener heißer Luft von 40° und mehr, so kommt die Wärmeabgabe durch die Leitung natürlich nur an die durch Verdunstung gekühlte Oberfläche in Frage, nicht aber an den anschließenden Luftraum, denn sonst würde er in der Tat den zweiten Hauptsatz stürzen; dafür leisten aber seine beiden Schornsteine mehr für die Wärmeabgabe durch Herausschaffen der heißen Körper Wasser und Dampf. In derselben Lage, wie der Kuli, befinden sich Rubners Bakterien in trockener Hitze. Sie können eher Dampf abgeben, als in eine wassergesättigte Umgebung hinein. — Aber immerhin ist beim Kuli unter diesen Verhältnissen eine physiologische Funktion vermindert, nämlich die Wärmeabgabe durch Leitung und Strahlung. Rubner geht daher zu weit, wenn er sagt, die Arbeitsleistung sei von der Außentemperatur, auch wenn sie über Bluttemperatur stehe, nicht nachteilig beeinflußt, falls die Luft nur ausreichende Trockenheit besitze. Man kann vielmehr mit Recht nur sagen, der Organismus besitze in der der Dampfmaschine fehlenden Fähigkeit, die Leistungsfähigkeit seines vikariierenden Hautschornsteins im Falle starker Inanspruchnahme bis zur Ausscheidung von Wasser zu steigern, eine kompensatorische Vorrichtung, durch die er die Verminderung einer physiologischen Leistung, nämlich der Wärmeabgabe durch Leitung, ausgleichen kann. Man frage den Kuli nur einmal, ob ihm die Arbeit trotz aller Lufttrockenheit bei 40° ganz ebenso leicht falle, wie bei 15°. Nach Helmholtz (zit. nach Plehn) werden unter gewöhnlichen Verhältnissen von der Gesamtwärmeabgabe etwa 14,7 % durch Wasserverdunstung in den Lungen und ebensoviel auf der Haut geleistet, während 70 % durch direkte Leitung und Strahlung von der Haut aus verloren gehen. Plehn [129] bemerkt dazu: „Dieses Verhältnis ändert sich in den heißen Gegenden natürlich ganz bedeutend; aber man sieht ohne weiteres ein, wie schwierig die Wärmeregulierung werden muß, wenn sich bei fast vollkommener Wasserdampfsättigung der Luft die Außentemperatur der des menschlichen Körpers nähert.“ Man sieht hieraus. in welch hohem Prozentsatz unter solchen tropischen Verhältnissen die Perspiration und Transpiration durch die Haut eine vikariierende Tätigkeit ist.

Jedenfalls kann es nach diesen Überlegungen nicht der Sinn des kurzen Rubnerschen Einwandes gewesen sein, behaupten zu wollen, weil der Mensch bei einer die seinige übersteigenden Außentemperatur arbeite, könne er keine kalorische Maschine sein.

Noch ein dritter Weg zum Schutz gegen die Verminderung des thermodynamischen Gefälles infolge von Erhöhung der Außentemperatur ist möglich: eine vikariierende Erhöhung der eigenen Temperatur. Darüber wird in dem Kapitel über das Fieber zu sprechen sein.

Wie ist es aber mit dem Gefälle bei Winterschläfern und Poikilothermen? Nun, auch die Temperatur der Winterschläfer ist etwas höher, als die der umgebenden Luft. Allerdings nur wenig. Aber dafür geben sie auch nach außen gar keine Arbeit ab, und ihre biologische Arbeit, auch Atmung und Kreislauf, ist aufs äußerste herabgesetzt. Der Blutdruck sinkt, das Herz schlägt bei Murmeltieren nur 8 bis 10 mal in der Minute. Die Atemzüge, Blasen- und Darmbewegungen stocken völlig, nur die kardiopneumatische Bewegung unterstützt die geringe Gasdiffusion in den Lungen. (Landois-Rosemann.) Die Kaltblüter haben immerhin ein Temperaturgefälle bis zu 6° C. Bei Reptilien und Amphibien sind auch schon die Anfänge von Regulationsmechanismen nachweisbar. Sie zeigen auf dem Lande nur wenig Beweglichkeit und sonnen sich stundenlang unbeweglich. Die von Kassowitz[74] angeführten pfeilschnellen Bewegungen der Eidechsen sind immer nur kurz dauernde Arbeiten. Daß die Kaltblüter sich mit Vorliebe sonnen, ist jedenfalls auch beachtenswert, denn zum mindesten ist anzunehmen, daß sie dadurch Wärmeabgabe ersparen. Man muß aber auch an ihre grünlichgraue, an das Chlorophyll erinnernde oder schwärzliche Farbe denken. Es wäre ja nach den Untersuchungen von Tappeiner und Jodlbauer, Jesionek, Diesing, Grober u. a. nicht ausgeschlossen, daß sie dadurch vielleicht mehr als die höher organisierten Tiere imstande sind, strahlende Energie zu transformieren, also in diesem Punkte den Pflanzen näher ständen.

Im Wasser sind sie beweglicher. Dafür ist aber, wie Schreber auch für die Fische hervorhebt, das Wasser ein besserer Wärmeleiter als die Luft, woher anzunehmen ist, daß die Hauttemperatur bald der des Wassers gleich wird, so daß ihnen das ganze Gefälle zwischen Körperinnern und Wassertemperatur unmittelbar zugute kommt. Unberührt von diesen Überlegungen bleibt natürlich die Tatsache, daß manche Amphibien Organe besitzen, die für das Wasser geschickter, als für das Trockene gebaut sind.

Aber der Fisch, der gegen reißende Ströme anschwimmt! Zuntz sagt, die Körperwärme des Fisches überrage die des umgebenden Wassers so wenig, daß es bisher nicht mit Sicherheit gelungen sei, die Größe der Differenz festzustellen. Schreber legt nach älteren Angaben 0,5 bis 3,0° zugrunde und hebt hervor, daß, weil das Wasser ein besserer Wärmeleiter als die Luft sei, die Hautoberfläche sehr schnell die Temperatur des Wassers erlange, so daß das Gefälle dem Fisch unverkürzt zugute komme.

Besonderen Wert auf das stets vorhandene Gefälle legt

im Gegensatz zu Zuntz Zwaardemaker: „Die Gesamtsumme der Wärmeabgabe der Kaltblütergewebe ist demnach meßbar. Helmholtz, Soetbeer, Krehl usw. zeigten übereinstimmend, daß die Temperatur des Kaltblüters jener der Umgebung überlegen ist. Es gelang sogar, die Menge kalorimetrisch zu verfolgen. Ich weiß nicht, ob man auf Grund des zweiten Hauptsatzes nach diesen Tatsachen gesucht hat, aber rationell wäre ein solches Vorgehen gewiß gewesen — — —."

Dem Fisch wird seine in Wasserverdrängung bestehende Arbeit schon durch den pfeilartigen Körperbau sehr erleichtert. Aber es kommt dazu eine andere Überlegung. Je reißender ein Strom ist, desto stärker ist meistens auch sein Gefälle. Der gegen den Strom schwimmende Fisch bewegt sich also der Schwere entgegen. Hierbei kommt ihm aber der Auftrieb zugute. Wenn wir uns den einfachsten und extremsten Fall denken, daß ein Fisch vertikal zur Oberfläche aufsteigt, so ist er in der Lage, den ganzen Auftrieb voll auszunutzen. Nehmen wir sein spezifisches Gewicht rund mit 1050 an, so wiegt er 20 mal weniger, als auf dem Lande. Einer Kalorie sind also nicht, wie auf dem Lande, 428, sondern rund 8500 kgm äquivalent. Ein entsprechender Bruchteil dieses Nutzens muß aber auch dem schräg aufwärts schwimmenden Fische zugute kommen, und um so mehr, je stärker das Gefälle des Stromes ist, wie sich aus der Funktion des Winkels zwischen der Neigungsebene und der Vertikalen berechnen ließe. Wie der Vogel sich nach unten fallen läßt, so kann der Fisch mit Hilfe der veränderlichen Füllung seiner Luftsäcke sich unter Benutzung des Auftriebes gewissermaßen hinauffallen lassen. — Will man aber diese Überlegung nicht gelten lassen, so können wir dem Zuntzschen Einwand immer noch die Frage entgegenhalten: Selbst wenn der Fisch bei großen Arbeitsleistungen chemische Energie direkt oder auf dem Umwege über intermediäre elektrische Energie in Arbeit umsetzen sollte, was beweist das für den Menschen oder die pathogenen Mikroorganismen? Und wenn etwa auch der Mensch auf diesem Wege Ausnahmeleistungen vollbringen kann, was beweist das gegen die Annahme, daß seine Hauptbetätigungsweise dennoch die thermodynamische Umwandlung ist?

Wir kommen nun zu einer zweiten Fehlerquelle bei der Berechnung des Wirkungsgrades: Wir haben gesehen, daß Danilewsky auch die Tätigkeit des Herzens und der Atemmuskeln sowie die „statische Arbeit" in Anrechnung bringt, und zwar mit ca. einem Drittel der gesamten Leistung. Nun müssen wir uns darüber im klaren sein, daß bei einer kalorischen Maschine nur das als Arbeit gezählt werden darf, was als solche das System endgültig verläßt. Wie steht es nun in dieser Hinsicht mit der statischen Arbeit? Wirkliche Arbeit wird dabei kaum abgegeben, sondern es entsteht nur Wärme, die zum Teil im Muskel bleibt, zum Teil an die Außenwelt übergeht, z. B. an den Fußboden. — Die systolische Arbeit des Herzens, das Fortbewegen einer Blutsäule, wird in der Diastole zum großen Teil wieder rückgängig gemacht, da die Blutsäule ja nicht nach außen befördert wird. Diese rückgängig gemachte Arbeit wird zuletzt Wärme, zum Teil vorher Energie der Lage. Wer hiernach die statische Arbeit und die gesamte Arbeit des Herzens bei der Berechnung der vom Gesamtorganismus abgegebenen Arbeit positiv rechnet, der begeht einen gleichen Fehler wie Heidenhain, wenn er die Arbeit des Muskels, nachdem die gehobene Last wieder gesunken ist, trotzdem in Anrechnung bringt. Auch die Arbeit der Atmungsmuskeln wird zum Teil rückgängig gemacht. — Wenn wir näher zusehen, so gibt es noch zahlreiche Energieformen im Organismus, die eine innere biologische Arbeit erfüllen und dann den Körper als Wärme verlassen, z. B. die Energie der Nerven und Sinne, die elektrische Energie*) u. a. Da nun die Bezeichnung „spezifische Energien" bereits für eine begrenzte Gruppe der in Frage kommenden Energieformen eingebürgert ist, möchte ich vor-

*) Für die elektrische Energie werden wir jedoch in dem Abschnitt über Energetik des Muskels zu untersuchen haben, ob ein Teil von ihr den Organismus als Arbeit verläßt.

schlagen, alle diese uns bekannten und unbekannten, in der Endbilanz als Wärme erscheinenden Energieformen als intermediäre Energien zu bezeichnen. Die intermediären Energien dürfen, wenn es sich darum handelt, festzustellen, wieviel Arbeit der Organismus nach außen abgibt, nicht mitgezählt werden.

Danilewsky hat sich, wie auch andere Forscher, durch folgende teleologisch-aprioristische Überlegung irreführen lassen: Eine Dampfmaschine setzt 10—12 % der chemischen Energie der Kohle in Arbeit um (heute bis 20 %). Es ist also zu erwarten, daß der tierische Organismus, und noch mehr der Muskel, eine vollkommenere dynamische Maschine sein werde, als die von Menschenhand gebaute Maschine. Nun hat er aber nicht berücksichtigt, daß die Dampfmaschine die alleinige Aufgabe hat, Arbeit nach außen abzugeben. Könnte man eine kalorische Maschine konstruieren, die die gesamte ihr zugeführte chemische Energie in Arbeit verwandelt — dazu genügt allerdings nicht einmal eine ideale Maschine, sondern sie müßte auch bei der Temperatur des obsoluten Nullpunkts arbeiten —, so würde sie ihrer Aufgabe am besten genügen. Der Organismus hat dagegen noch andere Aufgaben. Er muß zunächst seine konstante Temperatur erhalten und dann noch innere biologische Arbeit leisten. Diese kann ihm niemand abnehmen, wenn man etwa von der Einführung von im fremden Tierkörper gebildeten Antitoxinen und von der Organtherapie absieht; dagegen besteht ein großer Teil der Kulturfortschritte der Menschheit gerade in der Aneignung fremder Arbeitsenergien aus der Natur und der Tierwelt, um sich selbst das Arbeiten zu ersparen. Die Darstellung dieser Aneignungstätigkeit und ihrer Fortschritte wird das Hauptgebiet der künftigen soziologischen Energetik sein. Hiermit stimmt es überein, wenn Engelmann berichtet, daß ein Stück feuchte Violinsaite von 30 mm Länge und 0,7 mm Querschnitt bei Verkürzung durch Quellung die Arbeitsleistung des stärksten menschlichen Muskels um mehr als das Vierzehnfache übertrifft.

Also der teleologische Gedanke hat sich diesmal als falschen Führer erwiesen, wodurch nicht allgemein widerlegt ist, daß das teleologische Denken sich ebenso wie der Kausalitätsbegriff als eine der fruchtbarsten Fiktionen aller Zeiten erwiesen hat.

Die dritte und wichtigste Fehlerquelle bei der Berechnung der Arbeit in den genannten Untersuchungen ist aber die Verleugnung des elektrischen oder mechanischen Reizes als Energiequellen neben der chemischen Energie des im herauspräparierten Froschmuskel enthaltenen Zuckerrestes. Helmholtz ist die Möglichkeit dieses Einwurfs natürlich nicht entgangen. Er hat seine Berechtigung untersucht und glaubt, ihn zurückweisen zu können: „Davon, daß die beobachtete Ablenkung der Magnetnadel weder von einer elektromagnetischen, noch von einer thermischen Wirkung der angewendeten Induktionsströme herrührt, kann man sich schließlich am besten dadurch überzeugen, daß man nach erloschener Reizbarkeit der Schenkel den ungeschwächten Induktionsstrom des Neefschen Appareates einwirken läßt. Ist die Isolation der tierischen Teile gut, so entsteht nicht die geringste Bewegung der Magnetnadel.“ — Bei erloschener Reizbarkeit kann natürlich der Strom nicht in Arbeit verwandelt werden. Ebenso wie die Kohle der Kesselheizung nicht Arbeit abgeben könnte, wenn in der Maschine der vermittelnde Kolben fehlte. Wird die Kohle oder die Nahrung dennoch verbrannt, so kann ihre chemische Energie eben nur zu Wärme werden. Dasselbe Schicksal erleidet die elektrische Energie des Reizstromes, wenn kein Arbeit vermittelnder Muskel vorhanden ist. Der Stromkreis kann dann Joulesche Wärme liefern und zurückkehren, da die den Muskel umgebende Luft Nichtleiter ist. Für das Maß der Wärmeentwickelung im nicht reizbaren Muskel kommt nur der eine Gesichtspunkt in Betracht: Welchen Widerstand leistet der Muskel als Leiter dem Strom? Nun ist der Leitungswiderstand im Muskel millionenfach größer als der des Quecksilbers [85]. Es ist also a priori unwahrscheinlich, daß sich keine Joulesche Wärme bilden sollte. Die Annahme, daß in dem der Reizbarkeitberaubten Muskel Joulesche Wärme auftritt, wenn man Induktionsschläge hineinschickt, ist durch Helmholtz' Untersuchung nicht unmöglich gemacht. Fick kommt allerdings zu demselben Resultat, zu dem freilich O. Frank ein Fragezeichen setzt. Anders dagegen Danilewsky. Er berichtet als Ergebnis seiner Untersuchung über diesen Punkt: „Wie man schon a priori vermuten konnte, hat es sich herausgestellt, daß die Induktionsströme an sich, nämlich als Stromschleifen in den Thermokreis, auf die Gleichgewichtslage des Magneten so gut wie gar keine Wirkung ausüben. Erst wenn der Induktionsschlag allzu stark war, kann man pendelartige Magnetschwingungen um die Gleichgewichtslage bemerken. Tetanisiert man aber den Muskel mittels starker Ströme bei schnellem Tempo des Hammers des Schlitteninduktoriums, so tritt deutlich eine Erwärmung des Muskels hervor; schwingt der Hammer seltener, so erwärmt sich derselbe sehr wenig, oder meistens gar nicht. Die Wärmeentwicklung erreicht eine bedeutende Größe je nach der Stärke des Stromes, nach Häufigkeit der Unterbrechungen, und je nach der Dauer der Tetanisierung. Nach Aufhören des Reizes kann die Erwärmung mitunter während 1 bis 1,5 Minuten noch weiter vorwärtsgehen, um dann auf der äußersten Ablenkung eine Zeitlang (10 bis 20 Sekunden) innezuhalten und nachher zurückzukehren (Abkühlung)."

Zwar findet hiernach auch Danilewsky bei „subminimalen" Reizen so gut wie gar keine Wärmewirkung, aber dennoch steht sein Befund im Gegensatz zu dem von Helmholtz, denn dieser hat ebenfalls den ungeschwächten Strom seines Apparates benutzt und doch keine Wärme gefunden. Er hat also, wenn Danilewskys Resultate richtig sind, zu viel bewiesen. Danilewsky fand aber ferner bei direkter Tetanisierung von Muskeln, die infolge von Ermüdung oder, weil sie schon vor 36 bis 48 Stunden ausgeschnitten waren, fast unerregbar waren: Tetanisiert man solche Muskeln während 10 bis 20 Sekunden mittels „subminimalen" Reizströmen, welche selbst gar keine fibrillären Zuckungen hervorrufen, so tritt trotzdem eine deutliche Wärmeentwicklung, und zwar bis 0,00022—0,00040° C hervor. Eine schon geringe Verstärkung des reizenden Stromes bringt diese Erwärmung bis 0,0004—0,0008° C unter erstauftretenden fibrillären Zuckungen. Er schließt aus diesen Versuchen, daß 1. entweder es sich hier handelt um mikroskopisch geringfügige fibrilläre Zuckungen, welche der Beobachtung mit der starken Lupe entgangen sind, oder daß man 2. zugeben dürfe, daß unter der Wirkung des elektrischen Reizes die chemischen Spannkräfte ohne jeglichen Kontraktionsvorgang unmittelbar in frei werdende Wärmebewegung sich umzusetzen vermögen. Die zweite Hypothese nimmt er als richtig an. Die dritte Möglichkeit, daß die Wärme bei diesem Versuche dennoch aus dem Reizstrome stammen könnte, schiebt er stillschweigend beiseite, obwohl doch hier auch schon bei subminimalen Reizen Wärme auftritt. Und doch ist seine Hypothese wohl unwahrscheinlicher, daß Zucker durch schwache elektrische Reizung zur Selbstverbrennung gebracht werden sollte. Weshalb er aber um die dritte Lösung wie beim Blindekuhspiel herumgeht, wird psychologisch verständlich, wenn man bedenkt, daß er mit Anerkennung des Reizstromes als Energiequelle nicht mehr um die Erkenntnis herumkommen könnte, daß dieser ganzen Methode damit der Boden entzogen ist. Denn alle Ergebnisse sind falsch, wenn wir nicht die Möglichkeit ausschließen können, daß ein Teil der im Muskel auftretenden Wärme nicht aus der chemischen Energie, sondern aus dem Reizstrom stammt.

Vollends in ein helles Licht gerückt wird die Frage aber durch eine anderweitige Versuchsreihe von Danilewsky. Er hat nämlich einen Teil seiner Versuche derart ausgeführt, daß er statt des elektrischen Reizes die mechanische Erschütterung wählte. Auf diese Weise machte er außerdem Parallelversuche mit Muskeln und Kautschuk. Nun liegt dem unbefangenen Beobachter die Vermutung nicht fern, daß die Energie, die bei diesen Versuchen im Muskel als Wärme erscheint, aus dem Arm des Experimentators stammen könnte. Diesem Einwurf sucht er wie folgt vorzubeugen: „Es bleibt uns noch übrig, einen angeblich wichtigen Einwand gegen diese Versuche zu erörtern, und zwar daß die Wärme, die sich bei passiver Erschütterung des lebenden Muskels entwickelt, nicht durch den Übergang der Fallarbeit des Gewichtes in Wärme, d. h. nicht durch einen rein physikalischen Prozeß bedingt wird, sondern durch den Muskel selbst ganz (oder teilweise) gegeben wird, — der infolge der Erschütterung als eines mechanischen Reizes in einen tätigen gereizten Zustand kommt. Infolgedessen sollte man erwarten, daß bei Erschütterungen eines toten Muskels sich ceteris paribus weniger Wärme entwickeln muß, als im lebenden; die Versuche haben dagegen eher das Umgekehrte gezeigt. Ferner sollte man, nach der oben angeführten Voraussetzung, erwarten, daß im lebendigen Muskel sich mehr Wärme entwickeln muß, als es der Fallarbeit des Gewichtes entspricht, und zwar infolge der Hinzufügung der physiologischen Erwärmung. Allein auch diese Folge der Voraussetzung wird durch Versuchsergebnisse widerlegt, welche gezeigt haben, daß die Erwärmung meistenteils in geringerer Größe, als nach dem Äquivalent der Fallarbeit erzeugt wurde, und nur in seltenen Fällen verhältnismäßig zu groß ausfiel. Auf diese Weise verliert der angeführte Einwand seine Beweiskraft. Wenn auch Erschütterung eine physiologische Entwicklung lebendiger Kräfte im lebenden Muskel hervorruft, so ist sie jedenfalls in ganz unbedeutender Quantität im Vergleich zur physikalischen Erwärmung, wie man aus betreffenden Versuchen fast mit Gewißheit vermuten kann. Da dieser Einwand für die Versuche mit toten Muskeln, wie genauere Resultate für unsere Aufgabe ergeben haben, nicht passend ist, so halte ich mich bei denselben nicht mehr auf."

Hier formuliert Danilewsky die Frage so, ob die

Wärme im Muskel erst durch die Fallarbeit des Gewichts, oder direkt durch die Erschütterung entsteht. Das ist aber in Wirklichkeit von sehr untergeordnetem Interesse und wird wahrscheinlich in den einzelnen Versuchen durch eine Reihe unkontrollierbarer Zufälligkeiten beeinflußt und im relativen Verhältnis variiert. *Das Hauptproblem heißt aber anders*: Stammt die Wärme, die bei den Versuchen im Muskel gefunden wird, nur aus den Resten chemischer Energie im Muskel, oder wenigstens zu einem erheblichen Teil aus der dem Finger des Experimentators entstammenden, in das System hineingegebenen Arbeit? *Danilewsky* bestreitet, daß die letztgenannte Möglichkeit in nennenswertem Maße zutreffe. *Woher stammt aber die Energie bei seinen Versuchen, die statt des Muskels Gummibänder verwenden? Diese haben doch keinen Zuckerrest und produzieren ungefähr ebensoviel Wärme, wie der Muskel!* Sie müßten als Perpetuum mobile erster Art angesehen werden, oder es genügt die minimale Erschütterung, um etwa ebensoviel Arbeit resp. Wärme zu produzieren, wie der starre oder reizbare Muskel. Dann können wir aber auch bei letzterem diese Energiezufuhr aus der Hand des Experimentators nicht vernachlässigen; wir können sie nicht je nach Bedarf einmal nur als Reiz, dann wieder als Arbeit ansehen. *Das Gewicht kann doch nicht fallen, ohne daß es vorher gehoben wurde, und diese ihm erteilte Energie der Lage stammt eben aus der Arbeit des experimentierenden Fingers.*

Recht nachdenklich klingt es auch, wie *Blix* seine Überlegungen über die Frage des Reizstromes als Energiequelle schließt: „Statt neue, mehr oder weniger haltbare Hypothesen aufzustellen, um das besprochene Phänomen zu erklären, müssen wir uns damit begnügen, anzuerkennen und zu beklagen, daß die thermoelektrischen Temperaturmessungsmethoden in den übrigens vollendeten Formen, in welchen sie von *Heidenhain* und *Fick* in die physiologische Technik eingeführt worden, mit dem gemeinsamen Fehler behaftet sind, daß das Resultat von Faktoren beeinflußt wird, deren wahre Natur nicht erkannt worden ist, und die, wenn sie auch wahrscheinlich nicht die Richtung bestimmen können, jedenfalls einen wesentlichen und so gut wie unberechenbaren Einfluß auf die Größe der gefundenen Quantitäten ausüben können. Dieses mahnt uns, mit der größten Vorsicht alle durch dieselben Methoden gemachten Bestimmungen, vor allem die rein quantitativen, aufzunehmen."

Nun, wenn der Einfluß der unbekannten Faktoren auf die Größe der gefundenen Quantitäten „so gut wie unberechenbar" ist, so kann man doch eigentlich nicht gut behaupten, daß sie „wahrscheinlich nicht die Richtung bestimmen können".

Zusammenfassend können wir sagen:

1. Helmholtz' Beweis gegen die Möglichkeit des Reizstromes als Energiequelle ist nicht schlüssig, weil

   a) Danilewsky im Gegensatz zu ihm in dem der Reizbarkeit entbehrenden Froschmuskel Joulesche Wärme gefunden hat;

   b) nicht berücksichtigt ist, daß der Reizstrom, wenn er infolge fehlender Reizbarkeit des Muskels nicht arbeiten kann, eben als elektrische Energie im Stromkreis bleibt.

2. Auch Danilewskys Beweise, daß die Reizerschütterung als Energiequelle nicht in Frage kommt, sind nicht überzeugend; denn da sie bei den Kautschukversuchen mit minimalen Erschütterungen die einzige Quelle ist, aus der das Gewicht seine Energie der Lage bezieht, die ihm erst Fallarbeit ermöglicht, so kann man ihre Wirkung auch beim lebenden Muskel nicht außer acht lassen.

Die Nichtbeachtung des Reizstromes als Arbeitsquelle

ist für die Forschung vielfach irreführend gewesen. Eins der wichtigsten Beispiele ist das bekannte Heidenhainsche Gesetz, daß ein ermüdeter Muskel bei annähernd gleicher mechanischen Leistung die Temperatur der angelegten Thermosäule lange nicht so viel erhöht, wie ein frischer Muskel, daß der ermüdete Muskel also sparsamer arbeitet, als der frische. Nun ist es bei aller Vorsicht gegenüber teleologischen Gesichtspunkten schon höchst unwahrscheinlich, daß irgendein organisiertes Gebilde infolge von Ermüdung sparsamer arbeiten soll. Wir wissen ja, daß ein sozial besser gestellter Arbeiter bei kürzerer Arbeitszeit mehr leistet, als ein schlechter gestellter bei längerer, oder im Sinne einer soziologischen Energetik, daß der verminderten Extensität der Arbeit eine erhöhte Intensität entspricht. Schon Fick gibt seinem Zweifel an der Wahrheit dieses Gesetzes in folgenden Worten Ausdruck: „Man wird sich wohl nur schwer entschließen zu der Annahme, daß der Muskel im ermüdeten Zustande zu einer bestimmten mechanischen Leistung weniger Material verbraucht, als im frischen." Dagegen hat sich Bürker[22] noch 1905 auf Grund eigener Untersuchungen Heidenhain angeschlossen. Er sagt: „Es gilt aber unzweifelhaft das Gesetz, daß der ausgeschnittene Froschmuskel mit steigender Inanspruchnahme sparsamer arbeitet, den Wirkungsgrad also steigert, und zwar tut dies der Wintermuskel in höherem Grade, als der Frühjahrsmuskel, weil er früher ermüdet." Blix hat aber das genannte Heidenhainsche Gesetz unbewußt direkt in der Sokratischen Manier ad absurdum geführt, indem er die äußersten Konsequenzen daraus zog. Er schließt seine Erörterungen darüber nämlich mit der Feststellung, „daß das Verhältnis zwischen produzierter Arbeit und Wärme bei dem ermüdeten Muskel scheinbar gegen die Unendlichkeit merklich tendiert". Das kann aber nichts anderes heißen, als daß der Muskel fast unbegrenzt, also bis zum Wirkungsgrad von 100 %, immer sparsamer arbeitet, je mehr er ermüdet. Er wäre somit ein perpetuum mobile zweiter Art.

Diese problematische Sparsamkeit erklärt sich aber ungezwungen, wenn der Reizstrom als Energiespender tätig ist. Ist der Rest an Brennstoffen im ausgeschnittenen Muskel verbraucht, dann hat er statt zweier Energiequellen nur noch eine. Die chemische Energie hat aber verhältnismäßig weniger Arbeit und mehr Wärme geliefert, während die mechanische und elektrische Energie günstiger arbeiten. Der Muskel arbeitet unter alleiniger Zufuhr von mechanischer oder elektrischer Energie ruhig weiter, solange die fortschreitende Fäulnis nicht seiner Reizbarkeit, d. i. seiner Formenergie, ein Ende gemacht hat. Das günstigere Verhältnis wäre also eine Folge des Fortfallens der relativ mehr Wärme liefernden chemischen Energie. So würde sich auch zwanglos Bürkers Befund von der größeren Sparsamkeit des ausgehungerten, an Brennstoffen von vornherein ärmeren Wintermuskels erklären. Der Kautschuk vollends wäre in Wahrheit ein Perpetuum mobile, wenn die Erschütterung keine Energiequelle wäre. Denn man könnte ihn immer von neuem reizen, und er gäbe immer wieder Arbeit aus nichts ab.

Frank[49] schließt seine Überlegungen zu der genannten Folgerung von Blix: „Es bleibt, so scheint mir, bei diesem Stand der experimentellen Forschung nichts weiter übrig, als die höchst merkwürdige Tatsache einfach zu registrieren und weitere Erörterungen, die sich leicht aufdrängen, zu unterlassen.“

Aus dieser scheinbar zu solcher Resignation zwingenden Sackgasse zeigt die Annahme, daß Reizstrom und Reizerschütterung Energie liefern, einen Ausweg.

Wenn aber die Beweiskraft dieser bisher besprochenen Methoden erschüttert ist, so müssen wir uns nunmehr den Versuchen zur Feststellung der Arbeitsleistung und ihres Verhältnisses zur Wärme zuwenden, die auf Berechnungen aus dem Gaswechsel beruhen. Hier kommen in erster Reihe die Arbeiten von Pflüger und Zuntz und ihren Schülern in Betracht. Auch hier müssen wir denselben Einwand, wie bei den Arbeiten der vorhergehenden Gruppe erheben: Auch sie berücksichtigen nicht konsequent die in Wärme zurückverwandelte Arbeit. So sagt Katzenstein, Speck habe mit Recht das langsame Heben und Senken eines Gewichtes als doppelte Arbeit gerechnet. Ganz im Gegenteil wird aber der größte Teil der beim Heben geleisteten Arbeit beim Senken des Armes wieder rückgängig gemacht und kehrt als Wärme und Energie der Lage in den Arm zurück. Überhaupt findet man nur in wenigen physiologischen Werken eine konsequent durchgeführte Berücksichtigung der Etappen in den Energiewandlungen, in denen Energie der Lage als Zwischenglied auftritt; am durchgehendsten wohl in Pfeffers Pflanzenphysiologie. Eine der hierfür anzuschuldigenden Ursachen mag wohl in der Verwirrung liegen, die in der physiologisch-energetischen Terminologie herrscht; dieses Thema verdiente eine besondere Bearbeitung. Hier weise ich als Beispiel nur auf das Wort „Spannung" hin, durch dessen schwankenden Gebrauch erhebliche Unklarheit hervorgerufen wird. So braucht z. B. Heidenhain einmal in demselben Satz nebeneinander das Wort „Spannung" bald für die chemische Energie, bald für einen physikalischen Zustand. Auch hierin macht sich wohl eine gewisse stille Gegnerschaft gegen die „reine Energetik" infolge der oben geschilderten Dogmatisierung der Mechanistik störend bemerkbar.

Ein anderes Beispiel: Zuntz bringt für die Senkung des Körperschwerpunktes innerhalb einer Schrittperiode eine positive äußere Arbeit in Anschlag, was schon Frank für prinzipiell unrichtig erklärt, Fick und Wislicenus haben dieselbe Überlegung schon 1865 bei ihrem Faulhorn-Versuch in entgegengesetztem Sinne berücksichtigt.

Ein anderer weittragender Einwand gegen die Arbeiten dieser Gruppe ist der, daß sie den Mehrverbrauch an Nahrung während der Arbeit gegenüber dem Bedarf im Ruhezustande als das eigentliche Äquivalent der Arbeit glauben ansehen zu dürfen. Als Beispiel können wir hier den bekannten Versuch von Pflüger betrachten. Pflüger gab bei einem mit Fleisch gefütterten Hunde, der schwerbeladene Wagen in langen Perioden ziehen mußte, 42,9 bis 48,7 % Nutzungswert an. Zu diesem Ergebnis kommt er auf folgende Weise: „Beim Übergang von einer Zeit der Ruhe zu einer solchen der Arbeit muß der im Stoffwechselgleichgewicht befindliche Hund, wie reichlich auch seine Ernährung sein mag, eine Zulage an Fleisch erhalten, wenn er sein Körpergewicht behaupten soll. Aus einer vom 18. bis 26. November 1890 dauernden Arbeitsperiode, in der der Hund im Gleichgewicht des Stoffwechsels war, ergibt sich, daß eine Arbeit von täglich 109608 kgm verlangte in der Zufuhr eine Zulage von 15,98 g N = 496,5 g Fleisch." Nach weiteren, das Endergebnis etwas modifizierenden Einzelheiten, die wir hier weglassen können, schließt er: „Ein Mehrverbrauch von 17,1 g N ermöglichte eine Arbeit von 109 608 kgm. Weil nun 1 g im Fleische zugeführten Stickstoffes im höchsten Falle 14 909 kgm Arbeit entspricht, so sind umgesetzt von dem gesamten Kraftvorrat in mechanische Arbeit 42,9 %."

Pflüger nimmt also an, die Arbeit entstamme ausschließlich der Nahrungszulage beim Übergang von der Ruhe zur Arbeit. Das ist aber nicht zutreffend, denn eine Maschine, die geheizt wird, ohne daß Arbeit aus ihr herausgenommen wird, verwandelt eben notgedrungen auch den für Arbeit disponiblen Teil der chemischen Energie in Wärme, um im Gleichgewicht zu bleiben. Beginnt aber dann die volle Arbeitsleistung, so liefert nicht nur die Zulage Arbeit, sondern auch ein Teil der Nahrung des Ruhezustandes. Erst unter den Verhältnissen der vollen Arbeitsleistung zeigt sich, welches Quantum die wirkliche Mindestnahrung im Ruhezustande bedeutet. Im vierten Kapitel wird die Zuverlässigkeit der üblichen Bestimmungen des Gleichgewichts eingehender erörtert. Wie ich nachträglich entdeckte, hatte Schreber denselben Einwand schon in einer Polemik gegen Zuntz gemacht und fachmännisch, wie folgt, ausgedrückt: „Jeder Ingenieur weiß, daß $(1 - \eta^{m})$*) durchaus nicht mit der Leerlaufsarbeit zusammenfällt, vielmehr wird eine Beziehung

*) Hiermit sind die Verluste ausgedrückt, welche entstehen, indem die vom wirklich ausgeführten Prozeß entwickelte Arbeit nach außen abgegeben wird.

zwischen beiden erst durch die Einführung der sogenannten Zusatzreibung erreicht."

Dieser Einwand läßt sich aber sogar schon aus Pflügers eigenen Befunden begründen. Er berichtet nämlich weiter: „Wenn der im N-Gleichgewicht befindliche Hund von einem Zeitabschnitt der Ruhe zu einem solchen der Arbeit übergeht, ohne daß eine Zulage an Fleisch gewährt wird, nimmt das Tier erst rasch, dann aber immer langsamer von Tag zu Tag an Gewicht ab, bis es sich endlich wieder in das Gleichgewicht setzt und die Arbeit, ohne weiter abzunehmen, Tag für Tag ausführt. Das Tier hat sich der Aufgabe angepaßt, indem es wegen verringerter Körpermasse so viel sparen kann, um die Arbeit dauernd zu leisten." Diese Erklärung kann nicht als stichhaltig anerkannt werden, seit wir durch Rubner wissen, daß nicht das Körpergewicht anzeigt, wieviel Nahrung der Organismus bedarf, sondern die Summe aller Energieausgaben. Das Gleichgewicht des Hundes vor Beginn der Arbeitsperiode war ein durch die sekundäre Nahrungswirkung *) verschleiertes Ungleichgewicht.

*) Weiteres über diese weittragende Entdeckung Rubners siehe im letzten Kapitel über Bircher-Benners Nährwerttheorie.

2. Kapitel.

Mechanik und Energetik des Muskels.

Eine andere Frage, als die nach der Arbeitsweise des Gesamtorganismus, ist die: Auf welchem Wege verwandelt der Muskel Nahrungsenergie in Arbeit?

Robert Mayer faßt den Muskel als Wärmemaschine auf. Voit bestreitet die Möglichkeit, daß er Wärme in Arbeit umsetzen könne, nimmt vielmehr an, daß bei der Muskeltätigkeit elektrische Spannungen im Muskel sich in mechanische Arbeit umsetzen. Weber führt die Muskelarbeit auf die elastischen Kräfte zurück. Heidenhain, dessen eigene, zur Bestätigung der Mayerschen Annahme geführte Untersuchungen zu einem non liquet geführt haben, wendet gegen Webers Elastizitätstheorie ein, wenn das Heben der Gewichte nur Sache der physikalischen Elastizität des Muskels sei, nicht aber auf einer Benutzung der durch die innere Oxydation frei werdenden Kräfte beruhe, werde auch jedesmal dieselbe Wärme in dem Muskel frei werden müssen, was aber bekanntlich nicht der Fall sei. Fick tritt für Webers Elastizitätstheorie ein, nimmt aber im übrigen an, daß die chemische Energie unmittelbar in Arbeit umgesetzt wird.

Alle diese Theorien erscheinen zunächst so, als ob jede von ihnen notgedrungen im Gegensatz zu allen übrigen stehen müßte. Das entspricht der menschlichen Denktechnik im allgemeinen. Die Klärung von Begriffen und Vorstellungen geschieht immer so, daß wir auf dem Umwege über Antithesen zur Erkenntnis der höheren Einheit gelangen.*) Wenn Dubois-Reymond den Radikalismus einen Denkfehler nennt, der besonders der Jugend eigentümlich sei, so kann man das dahin erweitern, daß wir bei jeder neuen Denkarbeit immer wieder eine solche Jugendphase zu durchschreiten haben.

Ist es also möglich, daß alle die genannten Forscher im Rechte sind? Daß sie, aus verschiedenen Richtungen herkommend, jeder seinen Teil dazu beigetragen haben, ein stereoskopisches Bild des zu erforschenden Gegenstandes zu geben? Es ist so. Um die Frage aber zu beherrschen, müssen wir hier die Methode anwenden, die Dubois-Reymond als „das wissenschaftliche Divide et impera" bezeichnet. In der erwähnten Arbeit habe ich gesagt: „Jeder, der sich die Aufgabe stellt, die Thermodynamik des Muskels zu untersuchen, beginnt schon mit einem präjudizierenden Verstoß gegen den Grundsatz der formalen Logik ‚Definitio fit per genus proximum'. Man muß mit der Energetik des Muskels beginnen." Weiteres Nachdenken hat mich belehrt, daß auch

---

*) Entweder Humoral- oder Cellularpathologie, entweder Individualismus oder Kollektivismus, entweder Nationalismus oder Kosmopolitismus, entweder Mechanistik oder reine Energetik, entweder gut oder böse, alle derartige Antithesen sind nur Etappen auf dem Wege zum höheren Standpunkt. In einer von mir veröffentlichten Gruppe von Aphorismen habe ich einmal das Prinzip der goldenen Mittelstraße durch folgende Gegenüberstellung zu verspotten unternommen: „Die Wahrheit liegt in der Mitte." — „Hat Gallilei oder die Kirche recht?" — Ich glaubte damit ein recht überzeugendes Beispiel für die Unrichtigkeit des Sprichwortes gewählt zu haben, aber inzwischen ist auch dieses Beispiel durch das Relativitätsprinzip in seiner Beweiskraft geschwächt worden. — In unübertrefflicher Klarheit und Schönheit hat Franz Oppenheimer in seiner „Theorie der reinen und politischen Ökonomie" (Berlin, G. Reimer) in der Soziologischen Einleitung uns eine Zeichnung von dem Werden der Einheitswissenschaft entworfen, und zwar an dem Bilde des Hochgebirgswanderers, der, je höher hinauf er gelangt, um so mehr Erhebungen als Faltenbildungen desselben Hochplateaus oder Gebirgsstocks erkennt, die ihm von unten her als selbständige und isolierte Berge imponiert hatten.

dieser Oberbegriff nicht genügt. Wir müssen die Frage scharf trennen in 1. Mechanik des Muskels, 2. Energetik des Muskels.

Mechanik des Muskels.

Wenn wir den Muskel (bzw. die Muskelfaser) als Ganzes betrachten, ohne zunächst die chemischen und energetischen Vorgänge im Innern zu berücksichtigen, so wird ohne weiteres klar, daß Webers Elastizitätstheorie zu Recht besteht. Ist der Muskel oder die Muskelfaser als Ganzes eine einfache Maschine, wie oben gezeigt, so gibt es in diesem Rahmen in der Tat keinen Unterschied zwischen einem Froschmuskel und einem Kautschukband, die durch Formveränderung ein Gewicht heben. Uneinigkeit besteht allerdings über die Frage, ob hier Arbeit und Wärme durch Veränderung des Volumens produziert werden, etwa wie bei einem sich ausdehnenden Gase. Dem widerspricht aber Ewalds Nachweis, daß der Muskel bei der Arbeit sein Volumen nicht ändert. Dieser Schwierigkeit entgehen wir, wenn wir mit Ostwald von „Formenergie" sprechen. Volumenenergie ist bekanntlich gekennzeichnet durch den Widerstand, den ein Körper einer Änderung seines Volumens entgegensetzt. Von ihr zweigt Ostwald die Formenergie ab, da ja ein fester Körper seine Gestalt ändern kann, ohne sein Volumen zu ändern. Formenergie ist also durch den Widerstand bezeichnet, den ein fester Körper einer Änderung seiner Gestalt entgegensetzt, bzw. durch die Arbeit, die aufgewendet muß, um seine Form zu ändern. Formenergie ist in der Physik als Elastizität bekannt. Ostwald sagt: „Gewöhnlich betrachten wir die festen Körper als vollkommen starr und nehmen an, daß sie unter dem Einfluß von Kräften keine Formänderungen erfahren. Dann aber macht das Verständnis irgendeines einfachsten Apparates, z. B. eines Hebels, die größten Schwierigkeiten. Durch einen Hebel wird eine kleine Kraft in eine große verwandelt, indem gleichzeitig die entsprechenden Wege sich im umgekehrten Verhältnisse verändern. Wie kommt ein absolut starrer, d. h. unveränderlicher Körper dazu, die vorhandene Energie derart zu verändern und umzuwandeln? Die klassische Mechanik muß diese Frage unbeantwortet lassen und nur eben sagen: Ein starrer Körper ist ein Apparat, der solche Umwandlungen bewirkt. Erkennen wir aber, daß es einen absolut starren Körper nicht gibt, so sehen wir alsbald, wie die an einem Ende des Hebels tätige Kraft zunächst elastische Arbeit leistet, indem sie den Hebel biegt, und die dadurch hervorgerufenen elastischen Kräfte halten nicht nur einander in der ganzen Erstreckung des Hebels in jedem Punkte im Gleichgewicht, sondern auch der am anderen Hebelarme wirkenden Kraft. So sehen wir die Energie sich von Punkt zu Punkt durch unsere ganze Maschine übertragen und verstehen, wie die an einem Ende in den Hebel hineingebrachte Energie sich am anderen Ende wieder herausnehmen läßt. Ganz das gleiche findet statt, wenn die Kolbenstange der Dampfmaschine die im Zylinder aufgenommene Arbeit auf die Kurbel der Schwungradwelle überträgt usw."

Mit der Kolbenstange der Dampfmaschine können wir ohne weiteres den Muskel vergleichen. Beide betätigen Arbeit durch Vermittlung elastischer Kräfte. Daß beim Hebel die Arbeit an einem Ende hineingetan, am anderen herausgenommen wird, während die Kräfte beim Muskel von innen her wirken, kann keinen prinzipiellen Unterschied begründen, wie schon Fick klar erkannt hat, wenn er sagt: „Welcher Natur die Muskelkräfte sind, wodurch die Bewegungen bewirkt werden, kann für die Bezeichnung derselben als elastische Erscheinungen durchaus nicht maßgebend sein." — In der Tat: Ob der Kolben der Dampfmaschine seine Energie durch den heißen Dampf des Zylinders zugeführt erhält, oder etwa durch den Arm eines Herkules, der ihn ständig auf- und abwärts bewegt, kann uns so lange gleichgültig sein, wie es sich nur darum handelt, festzustellen, daß er die — gleichviel woher — empfangene Arbeit in seiner Eigenschaft als Hebel mittels elastischer Kräfte weitergibt. Ebenso kann es uns für die Mechanik des Muskels gleichgültig lassen, ob die chemische Energie direkt in Formenergie übergeht, oder ob sie erst zu Wärme wird, ob sie den

Umweg über die elektrische Energie nimmt, oder sogar, ob überhaupt Wandlungen der chemischen Energie im Spiele sind, oder etwa die von Weber angenommene Lebenskraft. Die Mechanik des Muskels ist durch seine Eigenschaft als elastischer Hebel restlos erklärt.

Dann fällt aber auch von hier aus ein helles Licht auf die besprochenen Experimente am isolierten Muskel: Es wird zu einer trivialen Selbstverständlichkeit, daß derartige Versuche unter keinerlei Anordnung dazu führen können, Aufschluß darüber zu geben, wieviel von der dem intakten Muskel zugeführten chemischen Energie zu Arbeit wird. Diese Problemstellung erscheint uns jetzt so, als wollte jemand aus der Mechanik der Kolbenstange den Wirkungsgrad der aus der Kohle stammenden Energie berechnen. Es erscheint uns nach dieser Erkenntnis erstaunlich, daß den Autoren, die neben den Versuchen mit Froschmuskeln auch solche mit Kautschuk gemacht haben, hierbei dieser Zusammenhang nicht klar geworden ist. Wir haben ja gesehen, daß wir durch diese Kautschukexperimente direkt darauf gestoßen werden, daß der nur als „Reiz" gedachte Induktionsschlag ebenso wie die mechanische Erschütterung als Energiequelle in Frage kommen muß; denn das Gummiband hat ja keinen Zuckerrest.

Eine andere Frage ist aber, welcher Art diese „Molekularkräfte" sind, und wie sie sich betätigen. Wir haben sie von der „Mechanik des Muskels" als „Energetik des Muskels" abgetrennt. Ihr müssen wir uns nun zuwenden.

Energetik des Muskels.

Wenn Heidenhain, wie wir oben gesehen haben, einen Gegensatz in der Art konstruiert, daß nur entweder die Elastizitätstheorie Webers, oder die thermodynamische Theorie Mayers richtig sein könne, so verstehen wir nach der im vorigen Abschnitt vorgenommenen Trennung des Problems, daß diese Deduktion hinfällig ist. Es konnte uns gleichgültig sein, woher die Energie kam, solange es sich nur darum handelte, festzustellen, daß der Muskel die Arbeit mittels elastischer Kräfte weitergibt. Diese Fragen werden uns aber nunmehr beschäftigen müssen.

Für die direkte Umwandlung chemischer Energie in Arbeit tritt neben Pflüger Fick ein. Es müßten „die chemischen Anziehungskräfte von vornherein schon mehr oder weniger im Sinne der zu erzielenden mechanischen Wirkung geordnet und unmittelbar an dieser beteiligt sein". Das schließt er aus dem Umstande, daß der Wirkungsgrad des Muskels als kalorischer Maschine nur sehr klein sein könnte, und zwar stellt er hier schon ähnliche Berechnungen mittels der Entropieformel an, wie sie mir später von Herrn Geheimrat Ostwald entgegengehalten worden sind. Wenn diese Begründung auch nicht stichhaltig ist (vgl. den bald zu erörternden Einwand Engelmanns), so läßt sich die Annahme, daß auch chemische Energie im Muskel direkt zu Arbeit werden kann, doch nicht widerlegen. Wenn er aber den Umstand, daß bei jeder Muskelzusammenziehung neben dem mechanischen Effekt auch Wärme entsteht, dadurch erklärt, es sei von vornherein sehr unwahrscheinlich, daß der Prozeß ganz ohne unregelmäßige Erschütterung der Moleküle verlaufen sollte, so hat diese Erklärung doch etwas allzu Zufälliges und ist eigentlich, selbst vom Standpunkt der Atomistik, nur eine andere Formulierung des Problems, wenn man nicht etwa eine intuitive Vorahnung der Boltzmannschen Erklärung des zweiten Hauptsatzes durch die Wahrscheinlichkeitsrechnung darin sehen will. Übrigens hat die physikalische Chemie uns ja inzwischen gelehrt, daß auch bei direkter Umwandlung von chemischer Energie in Arbeit die Größe des mechanischen Effekts durch den zweiten Hauptsatz begrenzt wird, und zwar haben wir hierfür die van't Hoffsche Formel, die besagt, daß die maximale Arbeit, welche bei der freiwilligen chemischen Umwandlung bestimmter Mengen von Stoffen gewonnen werden kann, um so größer ist, je weiter das Reaktionssystem vom Gleichgewichtszustand entfernt ist.*)

*) Zitiert nach Höber l. c. Dritte Auflage. S. 627.

Engelmann sieht einen prinzipiellen Einwand gegen jede derartige Hypothese in dem Umstand, daß bei der einzelnen Kontraktion immer nur ein relativ unendlich kleiner Bruchteil der Muskelsubstanz chemisch tätig ist. Der Muskel bestehe zu 70 bis 80 % und mehr aus Wasser, und im übrigen aus Stoffen (Eiweiß, Salze usw.), von denen die weitaus größte Masse bei der Verkürzung nicht nachweisbar chemisch beteiligt ist. Es könnten also nur relativ sehr wenige Moleküle als Energiequellen in Betracht kommen, und von diesen wiederum funktioniere im allgemeinen in jedem Augenblicke immer nur eine sehr kleine Zahl, keineswegs alle gleichzeitig. Durch Rechnung auf Grund dieser Überlegungen stellt er fest, daß nur ein verschwindender Bruchteil der Muskelmasse für Kontraktionszwecke verfügbare Energie geliefert haben kann. „Lieferte beispielsweise Verbrennung eines Kohlenhydrats zu CO_2 und H_2O diese Energie, so ist — die Verbrennungswärme von 1 g Kohlenhydrat zu rund 4000 Kalorien gerechnet — in jedem Gramm Muskelsubstanz nicht mehr als etwa $^1/_{4000}$ mg verbrannt worden. Es kann also nur etwa ein Viermilliontel der Masse als Quelle der im betreffenden Falle durch den Reiz ausgelösten aktuellen Energie, und somit nach obiger Voraussetzung als Sitz direkter Anziehungskraft in Betracht kommen. Welche irgend zulässige Vorstellung man sich nun aber auch machen möge über Form, Größe, Wirkungssphäre, Bewegungszustand und über die spezielle Lagerung dieses Viermillionstels in bezug auf die übrige nur als passiv beweglich zu betrachtende weiche, wasserreiche Masse — ich vermag nicht einzusehen, wie durch direkte chemische Anziehung von diesem einen Teilchen aus die ganze Masse der übrigen 3999999 in Bewegung sollte gebracht werden können."

Hiernach dürfte die direkte Umwandlung chemischer Energie in Arbeit, falls sie etwa eine kompensatorische Bedeutung im Organismus haben sollte, diese Funktion jedenfalls nur im allerbescheidensten Maße verrichten können.

Die Annahme Voits, daß elektrische Energie das Zwischenglied zwischen chemischer Energie und Arbeit im Muskel bildet, werden wir im Zusammenhange mit Engelmanns Theorie unter Heranziehung von Tatsachen der zu Voits Zeiten kaum noch bestehenden physikalischen Chemie zu besprechen haben.

Engelmann hält die alte Auffassung R. Mayers, daß der Muskel die chemische Energie zuerst in Wärme umwandelt, um dann einen Teil davon als Arbeit abzugeben, nach wie vor für die wahrscheinlichste, und hat durch umfassende Versuche die energetischen Vorgänge bei der Muskelkontraktion aufzuhellen unternommen. Seine Experimente haben den Zweck, zu beweisen, daß „mittels der im Muskel gegebenen materiellen Einrichtungen eine Transformation chemischer Energie in mechanische Arbeit durch Vermittlung von Wärme zustande kommen kann und auch wirklich zustande kommen muß."

Engelmann geht von der bereits bekannten Tatsache aus, daß alle geformten kontraktilen Substanzen als einen Hauptbestandteil einachsig positiv doppelbrechende Elemente enthalten. Kontraktilität und Doppelbrechungsvermögen treten im Laufe der embryonalen Entwicklung gleichzeitig auf. Wo, wie bei den quergestreiften Muskelfasern, doppeltbrechende Schichten mit einfachbrechenden abwechseln, lehren die Unterschiede in den Gestaltsveränderungen beider Schichten während der Kontraktion, daß jedenfalls die doppeltbrechenden Schichten Sitz verkürzender Kräfte sein müssen. Da die isotropen sich in fast allen Eigenschaften (optischen, mechanischen, chemischen) höchst auffällig und nicht bloß quantitativ von den anisotropen unterscheiden, viele ihrer Eigenschaften während der Kontraktion in entgegengesetztem Sinne als diese ändern, und alle den Kontraktionsakt betreffende Erscheinungen überhaupt sich in der Voraussetzung erklären lassen, daß die isotropen nicht aktiv kontraktil sind, dürfe man mit hoher Wahrscheinlichkeit schließen, daß nur die anisotropen Teile im quergestreiften Muskel Sitz des Verkürzungsvermögens sind. Weil ferner auch die Richtung der Verkürzung bei allen kontraktilen Formelementen mit der optischen Achse zusammenfällt, auch da, wo wie bei den schräggestreiften Muskelfasern die morphologische und die optische Achse der kontraktilen Fibrillen nicht gleiche Richtung haben, da endlich die Kraft der Verkürzung im allgemeinen augenscheinlich um so größer ist, je stärker das Doppelbrechungsvermögen, beide bezogen auf gleich dicke Schichten, so hält er den Schluß für zwingend, daß nur die doppelbrechenden Elemente als der Sitz der verkürzenden Kräfte in den Muskeln zu betrachten sind.

Da nun Engelmann, und nach ihm von Ebner und L. Herrmann, gezeigt haben, daß auch nicht reizbare, nicht lebende organisierte Grundformen (Fibrillen des Bindegewebes, der Hornhaut, Zellmembranen), welche einachsig positiv doppelbrechend sind, unter gewissen Einflüssen sich, unter gleichzeitiger Verdickung, in der Richtung der optischen Achse verkürzen, so hält er den Schluß für unabweisbar, daß allgemein zwischen Doppelbrechungs- und Verkürzungsvermögen ein kausaler Zusammenhang bestehe.

Nun tritt die charakteristische Formveränderung bei allen untersuchten Objekten nur dann ein, wenn die doppelbrechenden Teile ihren Wassergehalt ändern. Die Verkürzung ist an Aufnahme von Wasser (Quellung), die Verlängerung an Abgabe von Wasser (Schrumpfung) gebunden.

Schon früher hatte Engelmann gezeigt, daß bei der physiologischen Kontraktion die doppelbrechenden Lagen der quergestreiften Muskeln durch Wasseraufnahme aus den einfachbrechenden quellen, indem sie zugleich schwächer lichtbrechend und dehnbarer werden. Das Wesen der physiologischen Verkürzung ist also ein Quellungsvorgang.

Durch diesen ersten Teil seiner Theorie glaubt Engelmann den Mechanismus der Verkürzung dem Verständnis näher gebracht zu haben, indem er sie auf einen auch bei toten Körpern vorkommenden Vorgang zurückführte. Später ging er auch an die Lösung der Frage, „welche Prozesse diesen Mechanismus ins Spiel setzen, und wie im besonderen aus der infolge der Reizung verschwindenden chemischen Spannkraft die Kraft der Verkürzung abzuleiten sei."

Zunächst erwägt er die verschiedenen Wege, auf denen sich die durch den Reiz im Muskel ausgelösten chemischen Prozesse mechanisch geltend machen können. In Frage kommen zunächst die Änderungen in der chemischen Zusammensetzung des wasserreichen Mediums, welches die doppelbrechenden kontraktilen Teilchen umgibt und tränkt, insofern von dieser Zusammensetzung der Imbibitionszustand jener Teilchen in sehr empfindlicher Weise abhängt. Dieser Annahme widerspreche aber die Tatsache, daß die Kraft der Verkürzung hauptsächlich durch den die Kohlensäure liefernden chemischen Akt erzeugt wird.

Weiter könnte man das bei der physiologischen Verbrennung entstehende Wasser für die Quellung verantwortlich machen. Gegen diese Annahme bringt Engelmann einen zunächst nicht verständlichen Einwand: „Doch auch hierbei wäre noch nicht erklärt, woher die als Wärme und mechanische Arbeit nach außen abgegebene Energie stammt. Denn für die bei der Quellung der doppelbrechenden Schichten verschwindende potentielle (distantielle) Energie muß offenbar bei der Wiederabgabe des Wassers ein äquivalentes Quantum aktueller Energie verschwinden. Für die Wirkung nach außen bliebe also nichts übrig." Da das Wasser kühler in die isotropen Schichten zurückkehrt, so war ja die in den anisotropen Teilen zurückgebliebene Wärme für die Wirkung nach außen verfügbar! Hier scheint ein ähnlicher Fehler in der Überlegung vorzuliegen, wie der, der einst Carnot veranlaßte, bei seinem Vergleich der thermodynamischen Maschine mit der Wassermühle die Wärmemenge mit der Wassermenge gleichzusetzen und dementsprechend anzunehmen, die Wärme verlasse die Maschine ebenso in unverminderter Menge, wie das Wasser die Mühle. Nur daß damals das mechanische Wärmeäquivalent noch nicht entdeckt war, und Carnot auch noch nicht wußte, daß nicht die Wärmemenge, sondern die Entropie der Wassermenge vergleichbar ist.

Von einer anderen Seite her kommt Engelmann aber doch wieder auf die Wärme zurück, nämlich von der experimentellen. Engelmann, L. Herrmann und von Ebner haben gezeigt, daß durch Temperatursteigerungen bei allen doppelbrechenden, speziell bei allen positiv einachsigen imbibitionsfähigen Elementen die zur charakteristischen Verkürzung führende Kraftentwicklung hervorgerufen werden kann. Ebenso wie bei der physiologischen Kontraktion in den Muskelfasern findet die Verkürzung statt in der Richtung der optischen Achse, ist verbunden mit Verdickung senkrecht zu dieser Achse, mit Abnahme des Lichtbrechungsvermögens, Abnahme der doppelbrechenden Kraft und Zunahme der Dehnbarkeit. Alle diese Änderungen sind, wie auch die Kraft, die Geschwindigkeit und der Umfang der Verkürzung, durchaus von einer Ordnung mit den entsprechenden Änderungen bei der Quellung und speziell mit denen der doppelbrechenden Schichten der quergestreiften Muskeln bei der physiologischen Verkürzung. Es liege also sehr nahe, sie wie diese im wesentlichen auf eine Quellung der anisotropen Teile zurückzuführen. Es müsse dann aber diese thermische Quellung, wie schon Rollettes Versuche lehrten, auf einer innerhalb der Bündel der doppelbrechenden Fasern oder innerhalb dieser letzteren selbst stattfindenden Umlagerung von Wasser und fester Substanz, nicht in einer Wasseraufnahme von außen her beruhen.

Engelmanns bekannte Versuche mit Violinsaiten haben den Zweck, an einem Modell anschaulich zu machen, „wie mechanische Energie im Muskel in Übereinstimmung mit Carnot-Clausius' Gesetz aus Wärme entstehen kann, ohne daß der Muskel als Ganzes eine mehr als eben merkliche Temperatursteigerung erfährt". Hierbei hat er Pflügers Berechnungen im Sinne, nach denen im Moment der Bildung des CO_2-Moleküls eine Temperatur von ca. 10 000° C besteht. Um ein etwa 5 mm langes, in Wasser gequollenes Stück Violin-E-Saite läuft dicht, doch ohne sie zu berühren, in etwa 15 Windungen eine 20 mm lange und 3 mm breite Spirale von dünnem Platindraht. Ihre Enden sind an dickere Kupferdrähte gelötet, die mit den Polen einer Batterie verbunden werden können. Saite und Spirale sind in ein mit Wasser gefülltes Glas versenkt. Die nähere Beschreibung des Apparates und der Registrierverrichtungen erübrigt sich hier. Schließt man den Strom der Batterie in der Spirale auf einige Sekunden, so kontrahiert sich die Saite, während das Wasser im Glase kaum merkliche Temperaturerhöhung zeigt.

Engelmann vergleicht nun: Die doppelbrechende Violinsaite ist das doppelbrechende, die mechanische Kraft der Verkürzung liefernde quellbare Teilchen, das mit Wasser gefüllte Glas die umhüllende wasserreiche isotrope Muskelsubstanz, die als abkühlende Masse wirkt; die Drahtspirale ersetzt die reizbaren, chemisch aktiven thermogenen Moleküle, die Schließung des galvanischen Stromes den Prozeß der Reizung des Muskelelements.

Bei diesem Versuche stammt nun die Wärme aus dem Stromkreis. Bei der physiologischen Quellung im Muskel muß sie aber an einen Träger gebunden sein, und das kann, wie wir gesehen haben, trotz Engelmanns Verneinung das warme, aus der Verbrennung stammende Wasser sein, das aus den isotropen in die anisotropen Schichten einwandert, dort einen Teil seiner Wärme in Arbeit umwandelt und dann abgekühlt zurückkehrt.

Wenn also Engelmanns Theorie zeigt, daß es möglich ist, die energetischen Vorgänge im Muskel mit denen der kalorischen Maschine zu vergleichen, so bleibt doch immer noch die wiederholt angedeutete Frage bestehen, ob nicht ein zweiter fakultativer Weg für die Umwandlung der chemischen Nahrungsenergie in Arbeit besteht. Auch Schreber erwägt diese Möglichkeit. Einen Hinweis scheint uns nun die elektrolytische Dissoziation zu geben. Wenn durch Umlagerung des Wassers Verdünnung herbeigeführt wird, so erhalten von den vorhandenen Elektrolyten mehr Moleküle Gelegenheit zur Dissoziierung. Beim umgekehrten Vorgange müßten dann infolge der Eindickung ein Teil der Kationen und Anionen wieder zusammentreten, es fände Ausgleich von Ladungen statt, womit eine Wirkung nach außen verbunden sein könnte. Diese Frage kann selbstverständlich nur mittels genauer, auch quantitativer, Messungen verfolgt werden.

Zusammenfassung.

1. Der mechanische Wirkungsgrad des Organismus ist nicht 30 %, sondern 1—5 %. Der von dieser Seite kommende, auf den zweiten Hauptsatz gestützte Einwand gegen die Auffassung des Gesamtorganismus als kalorische Maschine kann daher nicht aufrechterhalten werden.

2. Gelegentliche Sekundenleistungen bis zu 1 PS können ebenfalls nicht gegen diese Auffassung herangezogen werden, denn sie bedingen auch einen entsprechend größeren Energieverbrauch aus dem Reservoir des Blutzuckers.

3. Das thermodynamische Gefälle des Gesamtorganismus liegt zwischen Körperinnern und Hauttemperatur, die durch Verdunstung bei trockener Hitze niedriger gehalten wird.

4. Der Muskel ist im Gegensatz zum Gesamtorganismus nicht mit einer thermodynamischen Maschine zu vergleichen, sondern nur mit einer einfachen Maschine, z. B. einem Hebel, als Teil im Gesamtbetriebe der kalorischen Maschine. Seine Arbeitsleistung ist also mit dem Wirkungsgrad des

Gesamtorganismus ebenso inkommensurabel, wie die der Kolbenstange mit dem Wirkungsgrad der Dampfmaschine. Für den Ausgangspunkt dieser Arbeit, meine Erklärung der Fieberwirkung als Heilmittel, genügt es aber, wenn der Auffassung des Gesamtorganismus als kalorischer Maschine nichts im Wege steht.

3. Kapitel.

Der zweite Hauptsatz und die Theorie der Fieberwirkung.

Wenn wir als Ergebnis unserer bisherigen Untersuchungen die Annahme festhalten dürfen, daß die gegen die Möglichkeit der Auffassung des Organismus als kalorische Maschine geltend gemachten Gründe nicht stichhaltig sind, so ist es nunmehr an der Zeit, zu dem Ausgangspunkt unserer Überlegungen zurückzukehren, wonach die Heilkraft des Fiebers thermodynamisch erklärt werden kann. Wir hatten insbesondere die pathogenen Mikroorganismen in den Vordergrund der Betrachtung gerückt, und zwar kommt hier von vornherein nur der Gesamtorganismus in Betracht, da sie ja keine Muskeln haben. Ihr Kühlraum ist der menschliche Organismus, die untere Temperatur für sie also konstant + 38° C, während für den Menschen umgekehrt die obere Temperatur konstant, die niedere variabel ist. Nun ist, wie Paul Th. Müller angibt, das Optimum für alle pathogenen Mikroorganismen die Bruttemperatur, also die normale Temperatur des Menschen. Ferner liegt aber nach Rubner, Sulima u. a. das Optimum nahe dem Maximum, d. h. der Schädlichkeitsgrenze. Wenn hiernach die sonst konstant ca. 38° C betragende Temperatur ihres Kühlraumes, nämlich des menschlichen Organismus, sich im Fieber um wenige Grade erhöht, so überschreitet sie die Schädlichkeitsgrenze. Dem entspricht thermodynamisch, daß die Spannungsdifferenz der beiden Temperaturen sich verringert oder auch ganz verschwindet, so daß die Fähigkeit der Bakterien, biologische Arbeit zu leisten, d. h. sich zu vermehren und Toxine zu produzieren, nach dem zweiten Hauptsatz verringert oder gänzlich aufgehoben sein muß. In ihrem wässerigen Lebensraum steht ihnen auch nicht, wie dem indischen Kuli in trockener, heißer Luft, die kompensatorische Fähigkeit der Perspiration und Transpiration zur Verfügung, wie wir bei Erörterung der Rubnerschen Versuche über Desinfektion gesehen haben. Es ist also auch verständlich, daß die Bakteriologen durch Temperaturerhöhung abgeschwächte Kulturen erzielen können.

Wir hätten demnach in diesen thermodynamischen Verhältnissen eine ätiologische Erklärung für die heilende Wirkung der Temperatursteigerung, sowohl durch das Fieber, als auch durch künstliche Wärmestauung.

Früher als durch die Theorie ist die Heilkraft des Fiebers durch Beobachtung und Erfahrung zu allen Zeiten von den Ärzten erkannt worden, worüber Loewy und Richter reiches historisches Material zitieren. Die entgegengesetzte Theorie v. Liebemeisters mit ihrer oft schädlichen Bekämpfung des Fiebers war nur eine Episode in der Geschichte der Fiebertheorien und ist eigentlich auch in der Zeit ihrer Blüte niemals ganz ohne Widerspruch geblieben. In neuerer Zeit haben dann zahlreiche experimentelle und bakteriologische Untersuchungen die schädigende Wirkung der erhöhten Temperaturen auf pathogene Mikroorganismen, wenn nicht bewiesen, so doch wenigstens wahrscheinlich gemacht. Naunyn, Leyden, Loewy und Richter, Chémisse, Rolly und Meltzer, Dochmann u. a. haben teils für die Unschädlichkeit, teils für die Heilkraft der erhöhten Temperatur experimentelle Beweise geliefert, während nach dem Vorgange von Pasteur und Koch zahlreiche andere Forscher den bakteriologischen Nachweis für die Empfindlichkeit einzelner pathogener Mikroorganismen gegen Temperatursteigerung erbracht haben (Literatur hierüber bei Unverricht). In neuester Zeit hat N. Sulima das Verhalten fast aller bekannten pathogenen Bakterien nochmals systematisch untersucht und gefunden, daß ihre Optima stets bei Blutwärme liegen, während um wenige Grade höher liegende Temperaturen schon stark hemmend auf ihre Lebenstätigkeit wirken. Zu demselben Ergebnis war schon früher Paul Th. Müller in seiner systematischen Arbeit über die Lebensbedingungen der Mikroorganismen gelangt. Allerdings haben einzelne Autoren auch entgegengesetzte Resultate publiziert (Citron).

So läßt denn die alleinige Beschränkung auf die induktiven Methoden einen unbestrittenen Erfolg nicht zu. Besonderes bezeichnend ist hierfür das Verhalten von Unverricht. Theoretisch will er das Fieber nur als eine „Temperatursteigerung schlechtweg" aufgefaßt wissen, als ein Symptom, wie z. B. die trockene Zunge. Er geht darin so weit, daß er schon einen Rest von Mystizismus darin sieht, wenn Virchow das Fieber als Temperatursteigerung aus einem besonderen Grunde, und Kraus, „aus einem inneren Grunde" definiert. Veit hat einmal gesagt, wir seien heute in der Furcht vor Gott und dem Peritoneum erzogen. Man könnte diesen Ausspruch dahin erweitern, daß wir seit der Ausbreitung des Darwinismus auch in der Furcht vor dem Zweckbegriff erzogen sind. Nun gehört dieser ebenso wie die Kausalität*) aber zu den fruchtbarsten Fiktionen, auf denen jeder Fortschritt menschlichen Denkens und menschlicher Forschung beruht. Praktisch hat sich die Sache denn auch von jeher so gestaltet, daß wir nach einer theoretischen Verbeugung vor dem Darwinismus den teleologischen Gesichtspunkten in unseren Überlegungen doch immer wieder Unterschlupf gewährten und gewähren mußten. Wir grüßten den Zweckbegriff nicht unter den Linden, aber das übrige fand sich zu Hause. Die Physiologen freilich waren von jeher aufrichtiger, weil sie sich bewußt waren, daß sie durch konsequente Ausschaltung teleologischer Überlegungen ihre Wissenschaft vollständig lahmgelegt hätten.

*) Mach erkennt bekanntlich keine kausale Verknüpfung an, sondern nur korrelative funktionelle Beziehungen durchaus umkehrbarer Art.

Unverricht liefert selbst ein drastisches Beispiel für das Gesagte. Schon einige Seiten weiter, nachdem er eben Virchow und Kraus des Mystizismus geziehen, spricht er selbst von Steigerung der Körperwärme des Menschen aus inneren Ursachen, und wiederum zwei Seiten weiter erklärt er das Fieber sogar für „ein zweckmäßiges Kampfmittel des Organismus". Freilich kann er diese Meinung nicht aus seiner Theorie ableiten, nach der die Temperatursteigerung nur ein einzelnes Symptom, wie die trockene Zunge, ist. Ebenso wie niemand darauf verfallen wird, die trockene Zunge für einen Heilfaktor zu erklären, könnte man diese Wirkung dann von der Temperatursteigerung erwarten. Zu dieser Ansicht ist vielmehr unabhängig von seiner Theorie der Arzt und Beobachter Unverricht gelangt. Er spricht dies auch unumwunden in folgenden Worten aus: „Ich würde es für einen großen Erfolg betrachten, wenn es mir gelänge, diese Ansicht mit zwingenden Gründen zu beweisen, aber ich muß leider gestehen, daß dieser Beweis mir bis heutigentages noch nicht mit der nötigen Schärfe erbracht zu sein scheint." Nun, vielleicht kann mein Versuch eines Beweises von der **deduktiven** Seite her für diesen Zweck etwas beitragen, nachdem wir doch gesehen haben, daß die Bakteriologen und Experimentalphysiologen trotz zahlreicher Versuche nicht zu völliger Einigkeit gelangt sind.

Wenn die Temperatursteigerung des Fiebers aber ein Heilfaktor ist, dann müssen wir auch die künstliche Wärmestauung daraufhin ansehen. Sulima hat sich gesagt, daß vielleicht auch fieberlos verlaufende bakterielle Erkrankungen durch künstliche Steigerung der Körpertemperatur schneller und sicherer heilen müßten. Er hat deswegen zahlreiche Keuchhustenfälle mit Wärmestauung mit zweifellosem Erfolge behandelt. Das ist durchaus nichts Neues. Wir wissen ja, daß fieberlos verlaufende Krankheiten nicht selten durch interkurrentes Fieber geheilt oder gebessert werden, z. B. Gonorrhöe im Typhus. Schon Boerhave hält das Fieber nicht nur für ein Mittel, durch das sich der Organismus selbst von eingedrungenen Schädlichkeiten befreit, sondern es heile auch andere Krankheiten, zu denen es zufällig hinzutritt.*)

Ich selbst habe in der Behandlung des Keuchhustens durch eine zweckmäßig gewählte Zusammenstellung hydrothermotherapeutischer Anwendungen in 15 Jahren kaum einen Mißerfolg gehabt, und selbst der schwerste Fall bei einem viermonatlichen Brustkinde mit 50—80 Anfällen pro Tag und absoluter Anorexie ist innerhalb vier Wochen zu einem losen Katarrh mit geringem Husten geworden. — Auch der Wirkungskreis der Transthermiebehandlung dürfte hiernach noch großer Erweiterung fähig sein.

Die Verminderung der thermodynamischen Differenz ist aber nicht der einzige Weg, auf dem die erhöhte Temperatur den Heilbestrebungen der Natur zugute kommt. Zunächst ist die erhöhte Wärme ein Katalysator, dessen Tätigkeit die biochemische Arbeit der Bildung von Abwehrkörpern befördern muß. Hierbei ist an die Hyperleukocytose zu denken, deren Heilwirkung neben Loewy und Richter Rolly und Meltzer u. a. gezeigt haben. Ferner an die von den Bakteriologen bereits früher nachgewiesene vermehrte Bildung von Antikörpern, Agglutininen und Bakteriolysinen durch Wärmevermehrung, die v. Leube 1910 auf dem Kongreß für innere Medizin bestätigt hat.

Durch diese Vermehrung der Antikörper, ferner durch die dem vermehrten Eiweißzerfall entstammenden Produkte, und endlich durch die Wasserretention im Fieber ist aber auch der osmotische Druck im Blute und in den Geweben verändert, und wir wissen aus zahlreichen Untersuchungen der physikalischen Chemie, wie empfindlich Bakterien gegen Änderungen des osmotischen Druckes sind, die mit dem klinischen Begriff der Viskositätsänderung eng zusammenhängen. — Ein von Massart gefundenes Beispiel mag seiner Anschaulichkeit wegen hier nach Vant Hoff (162) wiedergegeben werden. „Unter dem Mikroskop wird den Bazillen in einer mikroskopischen Kapillare unter dem Deck-

*) Zitiert nach Loewy und Richter.

glas auf dem Objektiv Fleischbrühe angeboten, in die hinein sie sich bewegen, sobald sie dieselbe bemerken. Der Fleischbrühe ist aber ein gelöster Körper beigefügt, von Versuch zu Versuch in verschiedener Konzentration. Sanguinische Bezillen, wie Polytoma Uvello, begeben sich unentwegt in die Kapillare, gehen aber in kurzem oder momentan zugrunde, falls die Konzentration eine gewisse Grenze weniger oder mehr überschreitet. Phlegmatiker, wie Bacillus megatherium, treten nur in die Kapillare ein, falls keine Todesgefahr droht, machen aber sonst am Eingange halt."

Auch Begriffe wie osmotischer Druck, Oberflächendruck, die ja Spannungsdifferenzen sind, werden wir in die Energie der Lage als Volumen- und Formenergie einreihen müssen, so daß auch ihre Wandlungen dem zweiten Hauptsatz gehorchen.

So käme also v. Liebermeisters Anschauung, daß die Temperatursteigerung das Primäre, andere Fiebersymptome davon abhängig seien, doch noch in gewissem Sinne zu einer teilweisen Geltung, wenn wir die Hyperleukocytose, die Bildung der Antikörper, Agglutinine und Bakteriolysine, ferner die Änderung des osmotischen Druckes als durch die katalytische Wirkung der Temperatursteigerung begünstigt ansehen.

Wenn wir unter Leitung des Gedankens, daß Änderung der thermodynamischen Differenz die Lebenstätigkeit beeinflussen muß, die verschiedenen biologischen Disziplinen systematisch durchmustern würden, so fänden wir wohl zahlreiche Beispiele, in denen Beobachtungen und Forschungsergebnisse erst durch ihn dem Verständnis zugeführt werden. Hier kann ich nur einzelne, im Vorbeigehen mitgenommene Fälle besprechen.

Ganz aktuell ist die in den letzten Jahren häufig bestätigte Annahme, daß die Sommerdiarrhöe der Säuglinge nicht eine Folge von Zersetzung der Nahrung ist, sondern direkt durch Hitzeeinwirkung hervorgerufen wird. Das hat gleicherweise Beobachtung und therapeutische Erprobung durch Verhütung der Wärmestauung als richtig erwiesen. Eine Erklärung für die Tatsache hat man aber nicht gefunden. Rietschel[188] schreibt: „Nie habe ich gemeint, daß etwa eine kurz dauernde Hitzeeinwirkung sofort beim Kinde Durchfall hervorrufen kann, sondern ich habe darunter das verstanden wissen wollen, daß die Temperatureinwirkung den Zustand des Säuglings so verändert (des gesunden wie des kranken), daß er gegen die Gefahren alimentärer und infektiöser Natur viel weniger widerstandsfähig ist und dann erkrankt. — — — — Die Frage, wie die Hitze auf das Kind schädigend einwirkt, ist dabei noch vollkommen ungeklärt. Hier liegt das Problem für die zukünftige Forschung — — — —." Versuchen wir diese Erklärung auf Grund der entwickelten thermodynamischen Anschauung. Durch die Hitze wird zunächst die Differenz zwischen der Temperatur des kindlichen Organismus und der Außenwelt sehr verringert. Nun wird der kleine Körper gewöhnlich noch durch undurchlässige Federbetten von sorgsamen Müttern „vor Erkältung geschützt". Darin werden diese gelegentlich sogar noch vom Arzt aus theoretischen Gründen unterstützt, der aus Rubners Oberflächengesetz den Schluß zieht, die Wärmeökonomie des Säuglings sei eine andere, als die des Erwachsenen, das Kind gebe infolge des ungünstigen Verhältnisses zwischen Körpermasse und Oberfläche relativ mehr Wärme ab und müsse daher unter allen Umständen vor Verlust geschützt werden. Der schmale Raum zwischen Körper und Decke ist bald mit Wasserdampf gesättigt, und das Kind geht dadurch des kompensatorischen Vorteils durch Verdunstung verlustig, den der Kuli in der trockenen Luft genießt. Unter dieser Verminderung oder Ausschaltung des thermodynamischen Gefälles muß, wie jede biologische Arbeit, auch die Verdauung leiden, und mit dieser Verzögerung ist sekundär ein Zustand gegeben, der die Zersetzung der Nahrung und die Tätigkeit der Bakterien begünstigt.

Auch die physiologische, um 3—6° höhere Temperatur der Vögel kann thermodynamisch befriedigend erklärt werden.

Ihre Arbeit beim Fliegen geschieht weit mehr als die der Landtiere der Schwere entgegen; sie müssen also relativ mehr Arbeit abgeben, als die auf ebenem Boden sich fortbewegenden Tiere. Der erhöhten Arbeitsleistung kommt die die durch die erhöhte Eigentemperatur gesteigerte thermodynamische Differenz zugute.

Von dem in heißer, trockener Wüstenluft wandernden Kamel wird die merkwürdige Tatsache berichtet, daß normale Temperaturschwankungen bis zu 4° festgestellt worden seien. Man hat dies damit erklärt, daß das Kamel sehr wenig und nur an einer eng begrenzten Stelle am Nacken schwitze. Dadurch werde der Durstreiz und der Wasserverbrauch bei den Wüstenwanderungen eingeschränkt. Diese Erklärung wird zwar richtig sein, aber sie ist nicht vollständig. Nach ihr wäre die Temperaturerhöhung eigentlich nur eine unerwünschte Nebenerscheinung dieses zweckmäßigen Vorganges. Man kann die Frage aber jedenfalls auch noch von einem anderen Gesichtspunkte betrachten. Wenn es durch die Notwendigkeit der Wasserökonomie nicht möglich ist, daß das Kamel trotz der dafür günstigen Lufttrockenheit durch Abgabe warmen Wassers Wärme abgibt, so benutzt es offenbar den anderen Weg, durch Erhöhung seiner eigenen Temperatur die thermodynamische Differenz zu erhöhen und für Arbeit dadurch günstiger zu gestalten. Es würde bei dieser Auffassung selbst der Erwägung wert sein, ob nicht auch die Wärmestauung vor dem Hitzschlage ein allerdings unzulänglicher und nach anderer Richtung schädlicher Heilversuch der Natur ist.

Aber vielleicht ist diese physiologische Temperaturschwankung des Kamels gar nicht eine so vereinzelte Kuriosität, oder doch nur bei Pflanzenfressern? Wir wissen, daß die Fleischfresser nur wenig Schweißdrüßen haben, der Hund z. B. nur an den Fußsohlen. Das wird als zweckmäßige Einrichtung so erklärt, daß die Hunde bei gelegentlicher Wasserverarmung durch starkes Schwitzen infolge des hohen Harnsäuregehaltes der Fleischnahrung gichtkrank werden könnten, da ja Harnsäure sehr wenig wasserlöslich ist. Lahmann hebt besonders die Natron- und Ammoniumarmut ihrer

Nahrung hervor, wodurch die Paarung der Harnsäure zu leichter löslichen Verbindungen gehemmt wird. Man könnte nun die Frage stellen, ob etwa der Hund, wenn ihm das Schwitzen, wenn auch aus anderen Gründen wie dem Kamel, verwehrt ist, bei schwerer Arbeit etwa ebenfalls die thermische Differenz durch Temperatursteigerung verbessert. Es ist mir nicht gelungen, Angaben über die Temperatur der Hunde bei der Arbeit zu finden. Gegen das Zutreffen dieser Vermutung in erheblichem Maße könnte allerdings die Tatsache angeführt werden, daß der Hund, im Gegensatz zum Kamel, für Dauerarbeit nicht geeignet ist, so daß man sogar die Verwendung von Ziehhunden vielfach als Tierquälerei abzuschaffen bemüht ist.

4. Kapitel.

Bircher-Benners Nährwerttheorie auf Grund der chemischen Potentiale der Nahrungsmittel.

Dieses Thema scheint eigentlich nicht ganz in den Rahmen unserer Arbeit hineinzupassen. Ebensowenig, wie etwa zur Thermodynamik der Dampfmaschine im engeren Sinne Untersuchungen über die Verschiedenheit des Nutzungswertes der einzelnen Brennmaterialien gehören. Aber gerade hierbei zeigt sich besonders augenfällig die proteusartige Vielgestaltigkeit des zweiten Hauptsatzes. Wenn der erste Hauptsatz einer durchsichtigen Kugel vergleichbar ist, die die Lichtstrahlen je nach dem Einfallswinkel immer in gleicher Weise reflektiert, absorbiert oder durchgehen läßt, gleichviel welche Teile ihrer Oberfläche getroffen werden, könnte man sich den zweiten Hauptsatz dagegen unter dem Bilde eines in viele verschiedenartige Facetten geschliffenen Brillanten vorstellen, der je nach der Einfallsstelle der Strahlen eine verwirrende Menge wechselnder Lichteffekte hervorzubringen vermag. Unsere bisherigen Erörterungen über den Organismus als kalorische Maschine beruhten ausschließlich auf dem Entropiesatz. Von einer anderen Facette des zweiten Hauptsatzes kommt Bircher-Benner her, nämlich vom Intensitätsgesetz.

Wenn demnach in der Zugehörigkeit des Intensitätsgesetzes zum zweiten Hauptsatz schon eine theoretische Rechtfertigung für die Einbeziehung der Bircherschen

Theorie in unser Thema gefunden werden kann, so liegt die wichtigere Begründung dafür doch in der nicht leicht zu überschätzenden Bedeutung, welche Birchers Nährwertlehre nicht nur für die physiologische und pathologische Chemie, sondern vor allem für die energetische Betrachtungsweise der Lebensvorgänge besitzt. Diese von den berufenen Vertretern der biologischen Wissenschaften noch so wenig gekannte und noch weniger verstandene Theorie steht an Tragweite nicht hinter den Erfolgen Rubners und Atwaters zurück und wird diese an praktischer Bedeutung für die Lehre von der Ernährung des gesunden und kranken Organismus weit übertreffen, sobald die Kenntnis und das Verständnis des zweiten Hauptsatzes erst mehr in unsere führenden wissenschaftlichen Kreise eingedrungen sein wird. Wie, um ein Wort Ostwalds zu wiederholen, jeder bahnbrechende Gedanke den Entwickelungsgang von einer Absurdität zu einer Selbstverständlichkeit durchmessen muß, so wird es auch diesem ergehen. Unsere leitenden Kliniker stehen dem zweiten Hauptsatz und vollends seiner Anwendung auf biologische Vorgänge heute noch ungefähr ebenso gegenüber, wie ihre Vorgänger zur Zeit Robert Mayers dem ersten Hauptsatze. Es kann nicht in meiner Absicht liegen, hier eine besondere Ausnahme zu konstatieren, wenn ich die Antwort eines bekannten Klinikers wiedergebe, der mir auf meine Vorhaltung, er dürfe nicht über Birchers Lehre urteilen, da er den zweiten Hauptsatz nicht kenne und verstehe, erwiderte, man habe das Recht, die Anwendung des zweiten Hauptsatzes auf biologische Vorgänge zu verwerfen, ohne ihn zu kennen. Hier tritt einmal so deutlich wie nicht oft die tiefere psychologische Ursache einer anscheinend so absurden Denkweise, die man geschulten und disziplinierten Geistern nicht zutrauen möchte, an die Oberfläche: Es ist die Affektbetonung der Kritik, die sich oft dort eindrängt, wo nur ruhige Beobachtung und kühle Logik am Platz sind. Wo der Mensch, auch der wissenschaftliche Forscher, liebgewordene Vorstellungen revidieren soll, wo er umlernen soll oder gar seine eigenen, anscheinend gesicherten Ergebnisse schwanken sieht, da erblickt er leicht eine Bedrohung, auf die er zunächst mit Affektentfaltung reagiert, sich so natürlich eine objektive Prüfung der in seinen Gesichtskreis tretenden neuen Gedanken und Tatsachen erschwerend oder auch geradezu unmöglich machend. Das ist menschlich, aber im Sinne von Ostwalds „energetischem Imperativ", der eine günstigere Ausnutzung auch der geistigen Energie verlangt, deswegen doch nicht minder beklagenswert.

Aber auch die Physiologen und die Vertreter der anderen theoretisch-biologischen Disziplinen stehen mit wenigen Ausnahmen dem zweiten Hauptsatz noch nicht so vertraut gegenüber, daß sie imstande wären, ihn wie den ersten Hauptsatz instinktiv zu handhaben.*) Ostwald sagt, die Einverleibung dieses Gedankengutes in das allgemeine Bewußtsein des Kulturmenschen habe sich bei weitem noch nicht so weitgehend und vollständig vollzogen, wie dies mit dem ersten Hauptsatze, dem Erhaltungsgesetz der Energie, den Fall gewesen sei. „Als äußeres Zeichen für diesen Zustand finden wir, daß auch noch in unserer Zeit von wissenschaftlich gebildeten Menschen Gedanken ohne Widerspruch und Mißtrauen vollzogen werden, die mit diesem zweiten Hauptgesetz, das wir nun kennen lernen wollen, in Widerspruch stehen. Hiermit steht im Zusammenhange, daß von den unübersehbaren Schätzen an Naturerkenntnis, die uns dieses Gesetz noch zu vermitteln bestimmt ist, nur ein verhältnismäßig kleiner Teil abgebaut ist, und der größte Teil noch der Gewinnung harrt. Es gibt eben zurzeit noch zu wenig Forscher, welche diese Tiefen sicher und erfolgreich zu befahren wissen. Und ebenso, wie nur der auf dem Zweirade sicher fährt und weitere Reisen unternehmen kann, welcher die Lenkstange instinktiv richtig handhaben gelernt hat und nicht mehr im Notfalle erst nachdenken muß, welcher Griff eigentlich der richtige wäre, so ist die große Ausbeute aus

*) Ein Beispiel hierfür bot uns am Ende des 2. Kapitels Engelmanns Behauptung, das der Verbrennung entstammende warme Wasser könne keine Arbeitsenergie abgeben. Weitere Beispiele wird uns später die Erörterung von Behauptungen Hőbers und Abderhaldens liefern.

jenem zweiten Gesetze erst zu erwarten, wenn dessen Inhalt von jedem Naturforscher ebenso instinktiv benutzt wird, wie es jetzt bereits mit dem ersten Hauptsatze im wesentlichen erreicht ist."

In der Tat, dem Biologen wird die Kenntnis des zweiten Hauptsatzes und seiner von Bircher inaugurierten Anwendung auf Lebensvorgänge sein, was für Siegfried der Tropfen Fafnerblut, durch den er die Sprache der Vögel verstehen lernt. Es ist oft hervorgehoben worden, daß die ausschließlich physiologisch-chemische Betrachtungsweise der Lebensvorgänge an unzähligen Fehlerquellen krankt. Eine Sammlung von einzelnen Betrachtungen und Forschungsergebnissen, die einander widersprechen; jede neue „Tatsache" kompliziert das Problem, statt es zu vereinfachen, und als Endresultat haben wir eine Disziplin voller Scheinprobleme und, wie ein namhafter Forscher in der D. M. W. es einmal ausgedrückt hat, mit 100 % Fehlerquellen. Das ist die physiologische Chemie. Demgegenüber bedeutet die Einführung der parallel laufenden energetischen Betrachtungsweise der Lebenserscheinungen durch Rubner, Atwater u. a. einen gewaltigen Fortschritt. Allein auch hier klafft noch immer ein Spalt zwischen den Ergebnissen der Theorie und der praktisch-experimentellen Beobachtung. Unter den Klinikern gärt es seit langem, und man lehnt sich gegen das „Gesetz der isodynamen Vertretung" und andere Behauptungen der energetischen Betrachtungsweise auf, weil sie mit den Tatsachen nicht in Einklang zu bringen sind. Viele wenden sich resigniert ab und huldigen einem radikalen Empirismus. So sagte mir einer unserer angesehensten Kliniker, als ich mit ihm von der biologischen Bedeutung des zweiten Hauptsatzes sprach: „Ihnen mache ich denselben Vorwurf, wie den Schulmedizinern, Sie lassen sich zu viel auf Theorie ein." Andere suchen Zuflucht beim Neovitalismus. Nun liegt es mir fern, an dieser Stelle für oder gegen das philosophische Problem des Neovitalismus Stellung zu nehmen. Aber so nahe liegt die Mauer, die uns weitere Erkenntnis auf naturwissenschaftlichem Wege versperrt, jedenfalls nicht. Ein Stück hinausgerückt hat sie Bircher-Benner.

Das Schwanken und die Ratlosigkeit, womit Rubner selbst der Deutung seiner eigenen in sich so exakten Forschungen gegenübersteht, die Unentschiedenheit und die häufig sich selbst widersprechenden Deutungen, die er in Verteidigungsstellung seinen experimentell ermittelten Gesetzen gibt, insbesondere auch die Unsicherheit in der Deutung der von ihm gefundenen „spezifisch-dynamischen Eiweißwirkung" der „sekundären Nahrungswirkung", vielleicht auch der isodynamen Vertretung, alles das beweist, daß noch ein unbekannter Faktor bestehen muß, der bewirkt, daß Theorie und Experiment nicht übereinstimmende Ergebnisse aufweisen. Diesen unbekannten Faktor entdeckt und die Rechnung eingestellt zu haben ist das unschätzbare Verdienst Bircher-Benners. Wir lernen die Größe dieses aus dem Zusammenwirken von Intellekt und Intuition entstandenen Verdienstes um so eher würdigen, wenn wir sehen, wie theoretisch versiertere Forscher*) zwar das Postulat betont, aber den Weg nicht gefunden haben.

Was noch Helmholtz, Heidenhain, Danilewsky für unmöglich erklärten, hat Rubner geleistet: Er hat der Ernährungswissenschaft zu dem einen Stützpfeiler der chemischen Forschungsweise einen zweiten gegeben, indem er die energetische hinzufügte. Es war eine columbische Tat, als Rubner daran ging, den Gedanken mit experimentellen Methoden zu erproben, wenn der

*) Zwaardemaker sagt: „Wie van't Hoff in seinen Vorlesungen bemerkt, hat die Thermodynamik sich bisher hauptsächlich mit Problemen beschäftigt, für welche die Zeit bedeutungslos ist. Weil aber in allen physiologischen Fragen die Zeit eine hervorragende Rolle spielt, leuchtet es ohne weiteres ein, daß die Anwendung dieser für die Chemie so außerordentlich wichtigen Wissenschaft in unserer Disziplin sehr beschränkt bleiben mußte. Ob hierin bald Veränderung kommen wird, hängt nicht von der Entwickelung der Physiologie, sondern von jener der Thermodynamik ab." — Wir haben es ja in der Ernährungsphysiologie gerade mit der Umwandlung chemischer Energie in Wärme, Arbeit und andere Energien zu tun!

erste Hauptsatz eine allgemein gültige Wahrheit sei, dann müsse er auch bei der Erforschung der Nahrungsschicksale Geltung haben, die Einnahmen und Ausgaben müßten übereinstimmen. Die Summe aller Energien, welche den Lebensprozeß bilden, müsse gleich groß sein, wie die in der Nahrung zugeführte chemische Energie. Aber der Vergleich muß weitergehen: Als Columbus sich sagte, wenn es wahr sei, daß die Erde Kugelgestalt habe, dann müsse man auch in westlicher Richtung Indien erreichen können, da war er auf dem rechten Wege. Und doch ist er nicht nach Indien gekommen, weil noch ein großer, unbekannter Kontinent dazwischen lag. Ebenso hat Bircher einen neuen gewaltigen Kontinent für die Ernährungswissenschaft entdeckt, den zweiten Hauptsatz, während für die meisten Biologen bis heute „Mechanische Wärmetheorie" gleichbedeutend mit dem ersten Hauptsatz ist. Nunmehr fügen die zahlreichen sich oft widersprechenden und der Erklärung spottenden Einzeltatsachen der Experimentalforschung sich zu einem einheitlichen Bilde zusammen, ihre Sprache wird verständlich — wie für Siegfried durch den Tropfen Fafnerblut die Sprache der Vögel, die vordem seinem Ohre nur eine Aneinanderreihung von Lauten und Tönen war.

Rubner steht nun am Scheidewege. Es bleibt ihm nur die Wahl, von der durch Bircher geschaffenen Warte aus zu einem einheitlichen Gesamtüberblick über die Tragweite seiner eigenen zahlreichen Forschungen und damit zu freier Bahn für weitere Erkenntnis zu gelangen, oder wie Columbus durch seinen und seiner Mannschaft Eid zu beweisen, daß man Asiens Festland betreten habe.

Diese Behauptungen legen uns die Pflicht auf, zunächst Birchers Lehre in einer wenn auch nur skizzenhaften Zusammenfassung darzulegen, und dann sowohl diese Lehre, als auch die dagegen geltend gemachten Einwendungen kritisch zu würdigen.

Birchers Lehre.

Wir wissen, daß die Ernährung ein Energievorgang ist. Die chemische Energie aller Nahrungsmittel stammt von der Sonne und ist durch die reduzierende Tätigkeit der Pflanzen aufgespeichert. Diese Reduktionsenergie wird verfügbar, sobald die Stoffe sich wieder mit Sauerstoff verbinden können. Aus ihr geht der Hauptbetrag der lebendigen Kraft der Lebensprozesse hervor, denn die latente Energie der Nahrungsmittel besteht zu bedeutendem Betrage in der chemischen Verwandtschaft ihrer Kohlenstoff- und Wasserstoffverbindungen zum Sauerstoff. Im Lebensprozeß der Tiere verbindet sich der eingeatmete Sauerstoff wieder mit dem Kohlenstoff und Wasserstoff der Nährstoffe zu Kohlensäure und Wasser. Die Reduktionsenergie wird frei und treibt den Mechanismus des Lebens.

Wir essen nicht allein pflanzliche, sondern auch tierische Nahrung. Aber auch die in dieser enthaltenen Kohlenwasserstoffverbindungen entstammen der pflanzlichen Nahrung des Tieres, denn in den Tieren selbst findet keine Reduktion von Kohlensäure und Wasser unter Verbrauch von Sonnenenergie statt, wenigstens nicht in erheblichem Umfange.

Obwohl nun in der Verwandtschaft von Kohlenstoff und Wasserstoff zum Sauerstoff die Quelle der Lebensenergie steckt, kann sich doch der Organismus nicht einfach mit diesen Elementen im freien Zustande ernähren. Sie müssen zuerst vorbereitet und in Beziehung zueinander gesetzt werden: Sie müssen sich miteinander verbinden. C und H setzen ihrer Verbindung aber einen so großen Widerstand entgegen, daß ihre künstliche Verbindung nur in den höchsten bekannten Temperaturen (im elektrischen Lichtbogen) erzwungen werden kann. Beim natürlichen*) Vorgang speichert die Pflanze also weitere große Mengen von Sonnenenergie auf.

*) Ich behalte hier den von Bircher gebrauchten Ausdruck „natürlich" bei, bemerke aber, um Mißverständnissen vorzubeugen, daß er in diesem Zusammenhange nur sagen will „in der Natur, also ohne

Auch der Stickstoff ist ein sehr träges Element. Um ihn in Eiweißverbindungen hineinzuzwingen, bedarf es daher weiterer Aufspeicherung großer Energiemengen.

Die geschilderten Vorgänge der Stoffbildung unter Aufspeicherung von Sonnenenergie sind, wenn nicht gänzlich, so doch vorwiegend an die Blattgrün haltende Pflanzenzelle gebunden. Nur im Reiche der Pflanzen werden die Federn gespannt, welche die Uhr des Lebens treiben. Wir sehen daraus, daß der Pflanzenfresser seine Energie aus erster Hand, der Fleischfresser aus zweiter Hand bezieht. Hier setzt Birchers Lehre ein.

Daß der Lebensprozeß dem ersten Hauptsatz gehorcht, haben uns die Untersuchungen von Rubner und Atwater einwandfrei bewiesen. Wir wissen heute, daß die Summe aller Energien, welche den Lebensprozeß bilden, gleich groß ist, wie die in der Nahrung zugeführte chemische Energie. Bircher sagte sich nun: Wenn der zweite Hauptsatz, das Umwandlungsgesetz der Energie, eine Wahrheit ist, dann muß ihm auch der Lebensprozeß gehorchen. Es ist erstaunlich, daß diese für den Energetiker eigentlich selbstverständliche Frage noch nicht gestellt worden ist, daß man sich noch nicht gesagt hat, da die Nahrung als chemische Energie wirkt, müsse ihre Wirkung beiden Energiegesetzen unterworfen sein. Die Wertung der Nahrung erfolgt aber heute selbst von seiten der Energetiker-Physiologen so, als ob von einem zweiten Hauptsatz keine Rede wäre, und doch folgt alles Geschehen in der Natur, soweit es bisher geprüft worden ist, dem Umwandlungsgesetz. Dieses drückt Bircher nun wie folgt aus: „Der zweite Hauptsatz lehrt uns, der Organismus, als energetisches System, werde nur dann Lebenserscheinungen äußern, wenn zwischen der zugeführten chemi-

Hilfe des Chemikers sich abspielender Vorgang". Die Terminologie mancher Physiker bezeichnet die unfreiwilligen Vorgänge auch als „unnatürliche". In diesem Sinne wäre das, was Bircher den „natürlichen" Vorgang nennt, ein „unnatürlicher".

schen Energie und der abgeführten Energie ein Potentialunterschied bestehe, und der Umfang der Erscheinungen werde unter sonst gleichen Bedingungen nur von dem Potentialunterschiede abhängen."

Die abgeführte Energie besteht zum Teil aus Wärme, Bewegung usw., zum Teil wieder aus chemischer Energie (Kohlensäure, Kot, Harn). Nahrung und Ausscheidungen stehen sich gegenüber, wie das zuströmende Druckwasser der Turbine dem gemächlich abfließenden Gewässer des Turbinenauslaufes. Nun stoßen wir mit unserem Vergleich aber auf eine fundamentale Schwierigkeit: Während wir den hohen Druck der Zuleitung und den niedrigen Druck des Abflusses durch die Höhe des Gefälles in Metern oder Atmosphären angeben und so den Potentialunterschied, der in der Turbine zur Wirkung gelangt, genau messen können, fehlt uns ein Meßinstrument für die Spannung der chemischen Energie. Da wir also weder die Potentiale der Nahrung noch die der Ausscheidungen messen können, ist naturgemäß eine Messung des Potentialunterschiedes ebenfalls nicht möglich.*)

Diese Unmöglichkeit ist ein wesentliches Hindernis für die Anwendung des zweiten Hauptsatzes auf biologisch-chemische Verhältnisse. Trotzdem ist uns aber ein wertvoller Ersatz gegeben durch die Möglichkeit, die Potentiale chemischer Gebilde wenigstens in ihrer verhältnismäßigen Stärke zu schätzen und so zu erkennen, ob bei einem Vorgang die Potentialunterschiede sich vergrößern oder verkleinern. Diese unschätzbare Möglichkeit

*) Hier scheint Bircher zu ungünstig zu sehen; denn wenn wir auch chemische Potentiale nicht mit der Zuverlässigkeit messen können, wie etwa die Druckhöhe eines Wasserlaufes, die Temperatur einer Wärmemenge, so sollte man doch annehmen, daß uns in den Verbindungsgewichten chemischer Körper ein gewisser Anhaltepunkt für ihre Potentiale gegeben sein könnte. Das liegt vorläufig noch im weiten Felde, aber ich möchte doch einen Satz von Planck zitieren: „Man soll nie behaupten, daß etwas, was logisch zulässig ist, für alle Zeiten außer dem Bereich der Möglichkeit liegt."

bietet uns der zweite Hauptsatz. Indem wir ihn umkehren, können wir mit Sicherheit aussagen: Da der Organismus mit der verfügbaren*) Energie der Nahrung seine Lebensäußerungen bewirkt, so besteht zwischen den ausgeschiedenen Stoffen und der Nahrung (einschließlich Sauerstoff) ein Potentialunterschied; das Potential der ausgeschiedenen Stoffe ist kleiner als das der Nahrung. Da ferner der Umfang der Lebenserscheinungen nur vom Potentialunterschied abhängig ist, so ist es notwendig, uns klarzumachen:

1. Der Potentialunterschied wird größer, wenn das Nahrungspotential größer wird.

2. Der Potentialunterschied wird kleiner, wenn das Nahrungspotential kleiner wird.

Hierbei ist das Potential der Ausscheidungsstoffe bei den einzelnen Menschen als im wesentlichen konstant angenommen.

Daraus folgt: Da der Umfang der Erscheinungen vom Potentialunterschied abhängt, da der Potentialunterschied mit dem Nahrungspotential zunimmt, wächst auch der Umfang der Erscheinungen, die Intensität der Lebensäußerungen, mit dem Nahrungspotential. **Dadurch tritt die Frage nach der Stärke des Nahrungspotentials in den Mittelpunkt unseres Interesses.**

In der Aufspeicherung der Sonnenenergie im Pflanzenreich haben wir das Anschwellen des chemischen Nahrungspotentials kennen gelernt. Das Leben des

*) Bircher sagt hier in der dritten Auflage seines Buches „freien“; diesen Ausdruck habe ich aber wohlüberlegt durch „verfügbaren“ ersetzt, weil ich behaupte, daß Bircher sich mit der nachträglichen Einführung dieses Ausdruckes von Höber auf ein ungünstigeres Kampffeld hat drängen lassen. Indem er die irrtümliche Auffassung Höbers von dem Helmholtzschen Begriff „freie Energie“ als wahr unterstellte und sogar übernahm, hat er sich die Widerlegung der Einwürfe Höbers gegen seine Theorie unnötig kompliziert und erschwert, wie an späterer Stelle gezeigt werden wird.

Tierreiches ist dagegen Verbrauch resp. Abschwellen dieses Potentials. Nun lehrt die Energetik, daß jede Zustandsänderung einer Substanz einer Änderung ihres Energieinhaltes entspringt. Danach können wir aus jeder Wandlung einer Nahrungssubstanz im Aussehen, in der Beschaffenheit, im Geschmack usw. schließen, daß sich ihr Energieinhalt geändert hat. Bei jeder Zustandsänderung wird aber Arbeit aufgewendet, d. h. Energie verbraucht. Ist es ein freiwilliger Vorgang, d. h. **wird die Arbeit von dem Energieinhalt der Substanz selbst geleistet, so ist der Energieinhalt des neuen Zustands kleiner geworden.** Das chemische Potential des neuen Zustandes der Substanz ist nach dem zweiten Hauptsatze kleiner, als das des alten Zustandes.

Nun ist der Energieverbrauch des tierischen und menschlichen Organismus eine Summe von freiwilligen Vorgängen.*) Daraus folgt, daß die Fleischnahrung niedrigere chemische Potentiale hat, als die Pflanzennahrung, eben weil die letztere im Tierkörper bis zu ihrer Verwandlung in Fleisch eine Reihe exothermer Veränderungen erlitten hat. Andere freiwillige Vorgänge, die weitere Potentialabfälle der Nahrung zur Folge haben, sind Kochen, Gärung, Fäulnis und besonders das Absterben, das sich hauptsächlich an den Eiweißstoffen der lebenden Zellsubstanzen vollzieht, so daß seine Wirkung den Energiegehalt der Eiweißstoffe am stärksten trifft. Es werden also das Fleisch und die großen Drüsen, die in erster Reihe als Nahrung in Betracht kommen, mehr als die Pflanzennahrung von der Energieverschlechterung betroffen.

Es steht somit fest, daß pflanzliche Nahrung höhere Potentiale besitzt als tierische, rohe höhere als gekochte, unvergorene höhere als vergorene.

Es würde zu weit führen, hier wiederzugeben, wie Bircher noch wahrscheinlich macht, daß unser Organismus auf hohe Nahrungspotentiale abgestimmt ist, zumal wir diesen Punkt später bei der Besprechung der Höberschen Kritik

*) Die scheinbare Ausnahme der gekoppelten Reaktionen Ostwalds wird später eingehend erörtert werden.

noch berühren müssen. Auch kann in diesem zusammenfassenden Bericht nicht auf Fragen von sekundärer Bedeutung eingegangen werden, z. B. auf Birchers Würdigung des in bescheidenem Maße berechtigten Einwandes, daß Kochen und andere Aufschließungsvorgänge notwendig sind, um eine Resorption der Nahrung und damit die Möglichkeit ihrer energetischen Betätigung überhaupt erst herbeizuführen. Auch die Ausblicke Birchers auf eine künftige energetische Pathogenese können hier nicht wiedergegeben werden. Das Studium des Bircherschen Buches kann dem Kritiker durch diese skizzenhafte Inhaltsangabe nicht erspart werden.

Dagegen ist es notwendig, an dieser Stelle auf Rubners Forschungen über die Gesetze des Energieverbrauches bei der Ernährung ausführlicher einzugehen, weil Bircher in ihnen eine großartige Bestätigung seiner eigenen Lehre von der experimentellen Seite her sieht. Rubner, Atwater u. a. haben bewiesen:

1. Daß der Lebensprozeß des Menschen fast ausschließlich von der chemischen Energie der Nahrung geleistet wird.

2. Daß das Erhaltungsgesetz der Energie auch für den lebenden Organismus gültig ist.

Von dieser Plattform aus ging dann Rubner mit denselben Methoden an die Lösung weiterer sich ergebender Fragen; die Ergebnisse dieser Arbeiten hat er bereits vor zwei Jahrzehnten unter dem Titel: „Die Gesetze des Energieverbrauches bei der Ernährung“ veröffentlicht, die allerdings bis heutigestages nicht die gebührende Beachtung gefunden haben. Die wichtigsten aus diesen Experimentalforschungen sich ergebenden Folgerungen sind in kurzer Zusammenfassung:

1. Wenn die Reduktionsenergie der Nahrung die gesamte biologische Arbeit des Organismus leistet, so haben die Nährstoffe Eiweiß, Zucker und Fette als Träger der Reduktionsenergie für den Energieverbrauch nur den Wert der aus ihnen frei werdenden und nutzbaren Energie. Die verschiedenen Stoffe müssen sich nach diesen

Energiewerten gegenseitig vertreten können. Der Organismus rechnet für den allerwesentlichsten Teil seiner Prozesse nicht mit Eiweiß, Kohlehydrat und Fett, sondern nur mit ihren Energiewerten. **Gesetz der isodynamen Vertretung.**

2. Das Kilogramm Körpergewicht des lebenden Organismus ist nicht die Einheit, welche die Größe des Nahrungsbedarfes bestimmt, sondern die Summe der biologischen Arbeit, welche pro kg Lebendgewicht geleistet wird. Nicht das Körpergewicht des Menschen zeigt an, wieviel Nahrung er bedarf, sondern die Summe aller seiner Energieausgaben in Form von inneren Lebensprozessen (Kreislauf, Drüsenarbeit, Verdauungsarbeit, Entzündung, Fieber usw.), von Wärmeabgabe an die Umgebung, von Muskeltätigkeit usw. Der ruhende Mensch hat bei gleichem Körpergewicht einen kleineren Nahrungsbedarf, als der arbeitende.

3. Der Organismus greift im Hunger seinen eigenen Eiweiß- und Fettbestand an und verbrennt sie in dem Maße, in welchem von der Einheit biologische Arbeit durch Reduktionsenergie geleistet werden muß. Sobald einmal die Einschmelzung der Körpersubstanz so weit gediehen ist, daß die Funktion der Organe unmöglich wird, hört nicht der Energieverbrauch, sondern das Leben auf.

Hieran schließen sich zwei weitere sehr merkwürdige Forschungsergebnisse, zu denen die Klinik nach 20 Jahren noch keinen Standpunkt gefunden hat. Das hat freilich seinen guten Grund; denn zugleich mit der Anerkennung dieser Ergebnisse wären die Kliniker gezwungen, eine grundstürzende Änderung ihrer Anschauungen über die Diätetik des gesunden und kranken Menschen vorzunehmen, und selbst von Noorden wäre dann nicht mehr in der Lage, die eiweißarme Diät als vorübergehende Modetorheit abzutun.

Rubner hat experimentell nachgewiesen:

Wo im Hunger hundert Energieeinheiten verbraucht werden, sind bei Ernährung mit Kohlehydraten 106,4, mit Fetten 114,5 und mit Eiweiß (es kam bei den Experimenten hauptsächlich Fleischeiweiß zur Verwendung) 140,2 Energie-

einheiten umzusetzen, und zwar im Gebiete der physikalischen Regulation, also unter den Lebensbedingungen des Menschen. Um dieselbe Arbeit zu leisten, müssen die Eiweißstoffe also in einem Überschusse bis zu 32 % verbrannt werden. Die Kohlehydrate sind demnach die ökonomischsten, die Eiweißstoffe die ungünstigsten Energiequellen. Dasselbe wie von den Eiweißstoffen gilt auch von dem anderen Stickstoffträger des Fleisches, dem Leim.

40,2 Wärmeeinheiten sind also bei Fleischnahrung nach Rubner für den Lebensprozeß nicht verwertbar und müssen als überschüssige Wärme durch die physikalische Wärmeregulation aus dem Körper entfernt werden.

Diese unerwartete Nahrungswirkung nennt Rubner die **spezifisch-dynamische Wirkung.** Sie führt bei reichlicher Eiweißzufuhr zu einer zwecklosen Vermehrung der inneren Arbeit des Organismus; bei hohen Temperaturen und im Fieber, wo die Wärmeabgabe erschwert ist, kann sie durch Wärmestauung und Hyperthermie direkt gefährlich werden. In der Verdauungsperiode vermag sie die Eigentemperatur des Körpers über die Norm zu steigern. Eiweiß wird überall im Tierreiche — mit Ausnahme der Fleischfresser — nur in vegetabilischen Portionen genommen.

Rubner hat auch den Grund der spezifisch-dynamischen Eiweißwirkung berechnen können: Die im Darm resorbierten Eiweißtrümmer werden nach der Aufnahme ins Blut sehr rasch in zwei Teile gespalten, in einen stickstoffhaltigen und in einen stickstofffreien Rest. Der stickstoffhaltige Rest ist für den Energiebedarf nicht verwertbar, er zerfällt unter dierekter Wärmebildung in die harnfähigen Stoffe und wird aus dem Körper ausgeschieden. Der stickstofffreie Rest liefert den ganzen Betrag an nutzbarer Energie des Eiweißes entsprechend einem Nutzeffekt von nur 52—56 % (unter Berücksichtigung des Verlustes im

Darm), und dieser stickstofffreie Rest ist ein im Eiweiß enthaltenes — Kohlehydrat.*)

Vollends deutlich wird die Tragweite dieser Entdeckung erst, wenn wir uns vergegenwärtigen, wieviel Nahrungseiweiß beim Erwachsenen für den Aufbau, und wieviel für den Energieverbrauch verwendet wird. Rubners Versuche ergaben, **daß nur 4 % des gesamten Energieumsatzes auf den Aufbau oder Eiweißansatz entfallen, also nur durch Eiweiß gedeckt werden können. Bei einem Gesamtumsatze von 3000 Kal. pro Tag würde dies 120 Kal. = rund 30 g Eiweiß betragen, also viermal weniger als die Voitsche Formel verlangt.** Rechnen wir hierzu auch einen mäßigen Betrag auf die Darmverluste, so würde der wirkliche Verbrauch von Eiweiß zum Ersatz untergegangenen Körpermaterials doch immerhin zwischen 30 und 40 g liegen. In der Tat besitzen wir bereits zahlreiche Versuche, aus denen eindeutig hervorgeht, daß der arbeitende Mensch bei derartigem Eiweißgehalt seiner Nahrung längere Zeiträume hindurch nicht nur im Gleichgewicht bleiben, sondern sich auch wohler und leistungsfähiger, als bei abundanter Eiweißkost fühlen kann. Hier sei nur auf die umfassenden, lange Zeit fortgesetzten Versuche Chittendens hingewiesen. Das gesamte Material findet sich zusammengestellt und gewürdigt bei Bircher. Besonders aufgefallen ist Rubner auch, wie gering die Natur den Eiweißbedarf für die Periode des schnellsten Wachstums, nämlich für die Säuglingszeit, anschlägt. Die Muttermilch enthält nur 7,4 % des Bedarfes in Eiweißkalorien. Nach Abzug der 4 %, die zur Erhaltung des Eiweißbestandes nötig sind, verbleiben hiernach für das Wachstum nur 3,4 %, und man versteht Rubners Ausspruch: **„Die geringe Eiweißmenge in der menschlichen Kost ist etwas Charakteristisches für dieselbe.“** Nach alledem können wir Bircher nur voll zustimmen, wenn er sagt: „Diese Erkenntnis wirft schwarze Schatten auf gewisse Bestrebungen der Ernährungsbehand-

*) Die Tatsache der Kohlehydratkomponente im Eiweiß ist später von F. Blumenthal u. a. bestätigt worden.

lung: auf das „Kräftigen" der Kranken durch eiweißreiche Kost, auf die erhöhte Eiweißzufuhr bei Fiebernden, welche schon eigenes Körpereiweiß zu verdauen haben, und auf die einseitige Kohlehydratentziehung bei Zuckerkranken, welche aus der überreichen Eiweißzufuhr wieder Kohlenhydrate bilden und zudem im Stoffwechsel noch mehr geschädigt werden."

Aber zugegeben, daß der Mensch mit 4 bis 5 % Eiweiß in seiner Kost auskommen kann, liegt nicht trotzdem die Möglichkeit vor, daß durch überschüssige Kost für den Energieverbrauch, für den Ansatz und für das Wachstum mehr Material Verwendung finden kann? — Auch diese Frage hat Rubner mit seinen Bilanzversuchen beantwortet.

Die bisherigen Anschauungen der Physiologen (Pflüger) gingen dahin, daß man durch willkürliche Steigerung der Nahrungszufuhr über den Bedarf hinaus Steigerung der Leistungsfähigkeit und Ansatz, also Vermehrung der Zellen und Vergrößerung der Organe erzielen könne. Sagt doch Pflüger ausdrücklich, „daß die gesteigerte Eiweißzersetzung mit gesteigerter Lebensfähigkeit verknüpft ist, welche im Kampfe um das Dasein den Sieg verbürgt".

Rubner hat nun gefunden:

1. Für Überernährung durch Kohlehydrat und Fette: Der Instinkt wehrt sich gegen überreichliche Mengen durch Verlust des Appetits und durch Erbrechen. Werden die Überschüsse dennoch ertragen, so steigt die Verbrennung nur unerheblich, der Überschuß gelangt als Fett zum Ansatz. Das war eigentlich zu erwarten, denn zum Ersatz von Zellmaterial konnten Kohlehydrate und Fette ja keine Verwendung finden.

2. Für Eiweißmast:

Wurde Eiweiß in großem Überschuß während längerer Zeit verabreicht, so blieb ein Teil des darin enthaltenen Stickstoffes im Körper zurück, ein weiterer Teil des Überschusses wurde dagegen sogleich zersetzt. Von Tag zu Tag wuchs die Größe des zersetzten Überschusses, während die Stickstoffzurückhaltung kleiner wurde, bis sich bald wieder ein Stickstoffgleichgewicht eingestellt hatte. Der Eiweißüberschuß hatte also die Wirkung, daß der Energieumsatz so lange vermehrt wurde, bis alles verabreichte Eiweiß zersetzt und ausgeschieden war. Rubner nennt diesen Vorgang die **sekundäre Nahrungswirkung des Eiweißes.**

Diese Entdeckung ist später mehrfach bestätigt worden, so 1905 von Schreuer, der gefunden hat, „daß nach sogenannter Eiweißmästung der Körper rasch bestrebt ist, den Eiweißstatus wieder einzunehmen, welcher ihn vor der Überfütterung charakterisierte". Die Bedeutung des viel erörterten „zirkulierenden" Eiweißes (Voit), das Pflüger „nicht organisiertes Eiweiß", Hofmeister „labiles Eiweiß", Lüthje „Zelleinschußeiweiß", von Noorden „Reserveeiweiß", Rubner „Vorratseiweiß" nennt, kann hiernach nur eine bescheidene sein.

Wenn die Stickstoffbilanz bisher das Zurückbleiben überschüssigen Stickstoffes im Körper erkennen ließ, während das Körpergewicht zunahm, so faßte die physiologische Chemie dies als einen Beweis auf, daß der zurückgebliebene Stickstoff als neue lebende Substanz zum Ansatz gekommen sei. Dementsprechend erklärte man die zwangsweise Eiweißzersetzung aus einer besonderen Vorliebe der Zellen für Eiweiß, das der leichtest verbrennbare Stoff sei, und man konstruierte daraus wieder einen Vorzug dieses Nahrungsstoffes. Die Annahme der leichteren Verbrennbarkeit des Eiweißes müßte eigentlich sogar schon vom Standpunkt der reinen physiologischen Chemie wundernehmen, denn es war dazu nötig, vorerst die Augen der offen zutage liegenden Tatsache zu verschließen, daß im Tiegel des Chemikers und im alltäglichen Leben Eiweiß schwerer als Fett und Kohlehydrate zu verbrennen ist. Nur durch Verdrängung einer so alltäglichen Erfahrung konnte man für eine derartig unnatürliche Auffassung Platz schaffen. Zur rechten Zeit stellte sich dann das schöne Wort „Anreicherung" des Zellmaterials ein, das noch heute ein Hindernis für den Fortschritt in der Diätetik bildet.

Was sagen nun zu dieser noch herrschenden Auffassung Rubners Untersuchungen? Rubner nennt die „sekundäre Nahrungswirkung" einen regulatorischen Vorgang, welcher jeder größeren Eiweißmast beim Erwachsenen ein rasches Ende bereitet. Er erklärt sie für eine Naturnotwendigkeit, „weil die mit dem starken Eiweißansatz einhergehenden Veränderungen an anderen Organen, wie die Herztätigkeit, die Blutzirkulation, Atmung nicht gleichen Schritt halten können, indem diese Organe in ihren Leistungen an engere Grenzen in ihrer Tätigkeit gebunden sind." Also: Für den Körper ist es so lebenswichtig, das überschüssige Eiweiß durch Verbrennen unschädlich zu machen, selbst wenn für das Mehr an Wärme keine Verwendung besteht, daß selbst Kohlehydrate und Fette zugunsten dieses Zieles von der Verbrennung ausgeschlossen und abgelagert werden. Bircher zieht diese Konsequenzen noch deutlicher und entschiedener: „Wenn bei überschüssiger Eiweißzufuhr die Kohlehydrate und Fette aus der Zersetzung verdrängt und als Fett abgelagert werden, so ist das ein regulatorischer Vorgang eigener Art, den ich **Notregulation** nenne. Es erschließt uns dies eine ganz neue Auffassung der Fettsucht, denn sie selbst ist das Produkt dieser Notregulation. Die werdende Fettsucht schützt den Menschen vor augenblicklichen empfindlichen Störungen seines Wohlbefindens. Aber alles hat seine Grenzen, auch die Möglichkeit der Notregulation. Ist sie überschritten, so beginnen um so ernstere Störungen sich geltend zu machen. Die schwere innere Entartung der Organe, die begleitende Arterio sklerose und alle die übrigen so qualvollen Späterscheinungen der Fettsucht zeigen, daß man sich der Notregulation nicht ungestraft bedient, und daß das zeitliche Wohlbefinden schwer erkauft ist."

Noch ein Einwand ist möglich: Anfänglich findet bei überschüssiger Eiweißzufuhr aber doch auch nach Rubners Forschungen eine Stickstoffzurückhaltung statt! Bedeutet diese wenigstens Ansatz? Rubner findet die Antwort auf diese Frage durch Vergleichung mit den Wachstumsvorgängen. Beim Wachstum, also beim wirklichen „Ansatz" steigt der Energieverbrauch bei Verdoppelung der im Körper vorhandenen Stickstoffmenge um 59 %. Hier entspricht das zurückgehaltene Eiweiß lebender Substanz, die selbst wieder Nahrung und Energie verbraucht. Bei dem „Ansatz" aus überschüssiger Nahrung steigt dagegen der Energieverbrauch rasch über die Gewichtsvermehrung hinaus, um nach Aufhören der Nahrungszufuhr augenblicklich wieder auf den früheren Stand abzulenken. Dieses verschiedene Verhalten spricht gegen Bildung lebender Substanz aus dem zurückgehaltenen Stickstoff. Wenn der Körper Eiweiß ansetzen will, dann weiß er auch in beschränktem Maße angebotenes Eiweiß zum Ansatz zu bringen. Wenn er nicht will, bringt ihn auch die größte Überschwemmung des Blutes mit Eiweißsubstanzen nicht dazu. Das überschüssige Nahrungseiweiß hat also so gut wie keine Wirkung auf den Eiweißansatz.

Bircher ist eifrig bemüht, die Übereinstimmung in den Ergebnissen dieser induktiven Untersuchungen Rubners und seiner eigenen deduktiven Lehre in den Vordergrund zu stellen und Abweichungen in Rubners Auffassung von seiner eigenen möglichst zu überbrücken. So findet er sich z. B. überraschenderweise damit ab, wenn Rubner in neuerer Zeit in den „Volksernährungsfragen" für die Massenernährung an der Voitschen Norm von 118 g Eiweiß für den arbeitenden Mann festhält. Dies Verhalten Birchers ist sehr verständlich durch die berechtigte Freude, als angefeindeter Outsider einen so mächtigen Bundesgenossen gefunden zu haben. Auch in der Politik unterstreichen ja die Staatsmänner stets die einigenden Momente in ihren Beziehungen zu den Bundesgenossen besonders dick und sind, insbesondere vor der Öffentlicheit, allezeit bereit, etwaige „Extratouren" der verbündeten Nationen nachsichtig zu beurteilen.

Trotzdem ist es aber zweckmäßig, die Differenzen nicht beiseite zu schieben, sondern klar auszusprechen, und in unserem Falle ist es sogar unbedingt notwendig, weil diese Erörterung uns auf sehr wichtige Fragen prinzipieller Natur führt. Wir werden sehen, daß das merkwürdige Schwanken Rubners in der Deutung seiner Forschungsergebnisse einer unbedingten Notwendigeit entspringt. Zunächst einige Zitate, aus denen die Unsicherheit Rubners hinsichtlich der Konsequenzen seiner Forschungen ersichtlich ist. In den G. d. E. steht Rubner nicht an, hervorzuheben, daß die spezifisch-dynamische Eiweißwirkung „mit den Vorstellungen von der besonderen hochwertigen Bedeutung des Eiweißes diametral im Gegensatz steht." Er stellt fest: „Die geringe Eiweißmenge in der menschlichen Kost ist etwas Charakteristisches für dieselbe". Auch ein Hinweis für die Kliniker fehlt nicht: „Bei klinischer Ernährung muß man sich, wo das Eiweiß in den Vordergrund tritt, die Konsequenzen der spezifisch-dynamischen Wirkung aufs sorgsamste überlegen, da sie in hohem Grade unwillkommen sein kann." Die „sekundäre Nahrungswirkung" erklärt er dadurch, „weil die mit dem starken Eiweißansatz einhergehenden Veränderungen an anderen Organen, wie die Herztätigkeit, die Blutzirkulation, Atmung nicht gleichen Schritt halten können, indem diese Organe in ihren Leistungen an engere Grenzen in ihrer Tätigkeit gebunden sind". Also eine Naturnotwendigkeit. — „Der überreiche Überschuß wird nicht zu einer das Wachstum befördernden Wohltat, sondern zu einem unnötigen und unzweckmäßigen Ballast." — „Die tierische Organisation räumt mit dem überschüssigen Eiweiß auf, weil offenbar die einseitige Eiweißkost nach vollendetem Wachstum etwas Schädliches sein würde." Sogar noch in neuerer Zeit weist er den Einwand zurück, die Anwesenheit der N-haltigen Komponente des Eiweißes könnte, wenn sie selbst auch nicht energetisch ausgenutzt wird, doch notwendig sein, um die Verwertung der N-freien Gruppe zu ermöglichen. „Es ist höchst unwahrscheinlich und durch die nachweisbaren Spaltungsvorgänge des Eiweißes auch widerlegt, daß zur Vermittlung der Verwertbarkeit der N-freien Gruppe des Eiweißes für energetische Zwecke die N-haltigen Atomgruppen benötigt werden!"

Nach alledem hätte man mit Sicherheit von Rubner die unumwundene Erklärung erwarten dürfen, daß wenigstens im Gebiete der physikalischen Regulation die eiweißarme der eiweißreichen Kost überlegen ist. — Albu hebt in seinem Buche über die vegetarische Diät und in verschiedenen anderen Publikationen triumphierend die große Leistungsfähigkeit von Nansens Polarhunden hervor, die ausschließlich mit toten Fischen ernährt wurden. Nun, bei den Polartemperaturen lebten die Hunde, was Albu vergessen hat, unter dem Einfluß der chemischen Regulation, die eine relativ bessere energetische Ausnutzung der aus der spezifisch-dynamischen Wirkung sich ergebenden Wärme gestattet. Diese sonst nutzlos nach außen abgegebene Wärme kann hier in hohem Maße für Heizzwecke des Organismus verwendet werden, so daß hierzu kein Teil der dynamisch verwertbaren Energie verbraucht werden muß. **Ein zweiter Grund für bessere dynamische Ausnutzung auch niedrig potenzierter Nahrung im Bereiche der chemischen Regulation ist aber das größere thermodynamische Gefälle, mit dem der Organismus als kalorische Maschine hier arbeitet.**

Diese letztere Überlegung hätte Rubner auch dazu führen können, der höher potenzierten eiweißarmen Pflanzenkost einen weiteren Vorrang sogar vor der eiweißarmen mit Fleisch gemischten Kost einzuräumen. Jedoch sind hierzu ausführliche Erörterungen notwendig, die wir später bei der Würdigung von Höbers Anschauungen ohnedies anstellen müssen. Hier genüge nur der Hinweis, daß Rubner selbst große Unterschiede in der Verwertbarkeit verschiedener Eiweißsorten gefunden hat. Die Bedeutung dieser Entdeckung wird uns sowohl bei der Erörterung der Höberschen Kritik, als auch bei der Untersuchung der Tragfähigkeit des Gesetzes der isodynamen Vertretung beschäftigen.

Zu einer so eindeutigen Stellungnahme gelangt Rubner aber nicht. Im Gegenteil gibt er sich doch wieder, ganz im Geiste der herrschenden, von ihm entwurzelten Eiweißtheorie, Bedenken über die schädlichen Folgen von Eiweißmangel in der Nahrung hin und verlangt, wie schon erwähnt, für die Ernährung von Volksgruppen das Voitsche Eiweißquantum. Die hierfür beigebrachten Gründe können, wenn ihnen auch für Einzelfälle eine gewisse Berechtigung nicht fehlt, für die Gesamtfrage doch nicht entscheidend ins Gewicht fallen. Zugeben muß man, daß, wenn es sich um Vorschläge für eine Verköstigung von Berufsklassen handelt, wir unter keinen Umständen Minimalwerte fordern dürfen, daß ein gewisser Spielraum für nicht vorauszusehende Möglichkeiten eines Mehrbedarfs bleiben muß. Derartiger wohl erwogener Möglichkeiten führt Rubner mehrere an. Aber zwischen den wirklich ermittelten Minimalwerten und der Voitschen Zahl haben wir in Chittendens Resultaten einen Mittelweg, der etwa durch 70 g Eiweiß bezeichnet ist. Freilich betrachtet Rubner das Mehr bis 118 g „als einen Sicherheitsfaktor, der notwendig ist, gerade wie man eine Brücke viel stärker baut, als jemals die maximalst zugelassene Belastung ausmacht". Dieser Vergleich hinkt mehr als zulässig. „Der überreiche Überschuß wird nicht zu einer das Wachstum befördernden Wohltat, sondern zu einem unnötigen und unzweckmäßigen Ballast," — sagt Rubner. Und warum sträubt sich der Organismus durch die sekundäre Nahrungswirkung des Eiweißes so energisch gegen diese ihm zugedachte Verstärkung seiner Tragfähigkeit? Derartige Sätze, mut. mut. auf die verstärkte Tragfähigkeit einer Brücke angewendet, verlieren jeden berechtigten Sinn. Der Eiweißüberschuß ist nicht eine Verstärkung, sondern eine tote Last für die Tragfähigkeit.

Rubners Furcht vor Eiweißverlusten findet ihren Grund offenbar in der geradezu als Axiom geltenden Anschauung, daß der Organismus verlorenes Eiweiß nur mühsam und in langen Zeiträumen ersetzen kann. In der unbefangenen Beobachtung findet diese Ansicht keine Stütze. Wenn im Einzelfalle der Körper Eiweiß nicht genügend ersetzen kann, so liegt das an anderen Gründen, z. B. wenn die blutbereitenden Organe verbraucht und leistungsunfähig sind, oder wenn ein Darmkatarrh die Resorption hindert. Es wird gewiß kein Töpfermeister den Grundsatz verfechten, wenn die Züge des Ofens verstopft sind, dann müsse man zum Ausgleich mehr Kohlen in die Feuerung schütten. Die unbefangene ärztliche Beobachtung lehrt, daß da, wo die Eiweißverarmung wirklich nur in Nahrungsmangel ihre Ursache hat, bei erhöhter Zufuhr der Ersatz schnell und ohne Schwierigkeit von statten geht. Man weiß, wie rasch sich Typhuskranke erholen, sobald sie wieder essen dürfen, so daß sie oft bald gesunder als vorher sind. In dieser Fähigkeit des Organismus zum Eiweißersatz liegt ja auch der gute Kern und die relative Ungefährlichkeit der Schroth-Steinbacherschen Hungerkur.*)

Ich kann mir nicht versagen, hier aus zahlreichen Fällen einen Bericht anzuführen, der meine Anschauung drastisch bestätigt.

Stekel (159) berichtet:

Es sind schon vier Jahre her, da stand vor mir ein schwächliches kleines Männchen. Die Augen lagen tief in den Höhlen, glanzlos und trocken; die blassen Hände zitterten bei jeder Bewegung in feinen Schwingungen. Seine Stimme klang tonlos und heiser. Er machte den Eindruck eines Kranken, der an einem unheilbaren Leiden dahinsiechte und dessen Lebenstage gezählt waren. Was die Menschen mit grausamem Witz einen „Todeskandidaten" nennen.

Der Mann erzählte eine lange Leidensgeschichte. Er war ein Magenkranker, der schon viele Jahre an Verdauungsbeschwerden zu leiden hatte. Er hatte die verschiedensten Ärzte konsultiert und auch

*) Nach Niederschrift dieser Sätze fand ich, nicht ohne ein Gefühl besonderer Genugtuung, folgende Ausführungen des amerikanischen Physiologen Folin (zitiert nach Mendel l. c.), dessen Übereinstimmung sich sogar auf das gewählte Typhusbeispiel erstreckt: „Es muß weder nötig noch vorteilhaft für den Organismus sein, große Mengen von Stickstoff abzuspalten, welche er weder verwenden, noch als Reservematerial ansetzen kann. Bei fleischfressenden Tieren hat die Unsicherheit der Nahrungsversorgung offenbar zur Entwickelung der Fähigkeit geführt, eine bestimmte Eiweißmenge in Form von vermehrter Muskelsubstanz anzusetzen, aber beim Menschen scheint diese Fähigkeit nicht zu existieren. Die Langsamkeit, mit welcher der normale menschliche Organismus Stickstoff ansetzt, nachdem er nur sehr geringe Mengen davon verloren hat, bedeutet nicht, daß der menschliche Organismus nur langsam und schwer ersetzen kann. Wenn der Organismus tatsächlich einen Verlust von solchem Gewebe, wie z. B. während des Typhus erlitten hat, so kann es, wie wir wissen, während der Rekonvaleszenz eine erstaunlich rasche Gewichtszunahme und einen entsprechend ausgedehnten Stickstoffansatz geben."

in Karlsbad wegen „überschüssiger Harnsäure“ mehreremal vergeblich Heilung gesucht. „Obwohl ich die strengste Diät einhalte,“ so klagte der Mann, „leide ich fürchterliche Schmerzen, quälendes Aufstoßen, vollkommene Appetitlosigkeit. Meine Kräfte schwinden von Tag zu Tag, ich bin kaum mehr imstande, meinem Berufe — ich bin Kaufmann — nachzukommen. Offenbar ist meine Diät nicht streng genug. Oder nicht die passende. Bitte verordnen Sie mir eine genaue zutreffende Diät.“ Es war auf den ersten Blick zu erkennen, daß der arme Mann offenbar ausgehungert war. Seine Schmerzen waren wahrscheinlich eine sehr gewöhnliche Empfindung — der Hunger. Eine genaue Untersuchung bestätigte diese Annahme.

Es ergab sich, daß der Mann nur an einer Neurose litt. Stekel bewog ihn nun dazu, einmal mehrere Wochen lang ohne Rücksicht auf Krankheit und Schmerzen ganz ohne Wahl und nur nach seinem Appetit zu essen, sowohl qualitativ, als auch quantitativ. Stekel berichtet nun weiter: „Wer beschreibt meine freudige Überraschung, als derselbe Mann sich mir nach vier Wochen vorstellte, und ich ihn zuerst gar nicht erkannte. Er sah jetzt geradezu blühend aus, mit vollen Wangen und feuchten glänzenden Augen, die von Lebensfreude sprühten. Er war im wahren Sinne des Wortes ein anderer Mensch geworden.“

Bei diesem Falle von jahrelang fortgesetzter Eiweißverarmung ist von einer Schwierigkeit des Eiweißersatzes wahrlich nichts zu merken.

Wenn die eiweißarme Pflanzenkost die natürlichere und adäquatere ist, dann bedarf es auch keines Aufschubes der Nahrungsumgestaltung ad calendas graecas. Denn darauf würde Rubners Forderung, man müsse erst die ganz allmähliche Änderung der Volksgewohnheiten abwarten, praktisch hinauslaufen. Die Folge dieses circulus vitiosus wäre, daß Vegetarier und Naturheilkundige die Arbeit der Ärzte auch weiterhin besorgen und das Vertrauen zur Wissenschaft untergraben würden.

Es ist eine bekannte Erfahrung, daß Ammen, die eine einfache Ernährung mit Brot, Gemüse, Kartoffeln usw. gewöhnt sind, die Nahrung verlieren, sobald sie in eine begüterte Familie kommen, wo sie mit einer „kräftigen“ eiweißreichen Kost überfüttert werden. Die Ärzte pflegen sich diesen Vorgang durch die Änderung zu erklären, der sich der Körper nicht so schnell anpassen könne. Nun habe ich aber häufig die Erfahrung gemacht, daß „kräftig“ genährte Frauen, die ihr Kind nicht sättigen können, geradezu erstaunlich schnell ihre Milchproduktion in hohem Grade steigern, sobald sie auf ärztliche Anordnung zu einer eiweißarmen, überwiegend pflanzlichen Kost übergehen. (Nicht abgewellte Gemüse, Kartoffeln, rohes Obst, Brot usw.) Insbesondere bewährt sich der Kohl als wahres laktagoges Spezificum.*) Derartig ernährte Frauen brauchen sich auch nicht mit Suppen und Milch vollzupumpen, um die Milchsekretion nur einigermaßen in Gang zu erhalten. Beim Übergang von der ungeeigneten, wenn auch gewohnten, zu einer adäquaten aber ungewohnten Kost bedarf es also, umgekehrt wie im entgegengesetzten Falle, keiner Anpassung, sondern der Erfolg beginnt oft schon nach 24 Stunden. Nach alledem muß die geradezu abergläubische Furcht vor Eiweißverlust und vor der Schwierigkeit des Eiweißersatzes, die unsere diätetische Terapie heute noch in verhängnisvoller Weise lähmt und zur Ohnmacht verurteilt, auf das entschiedenste bekämpft werden. Es geht nicht länger an, den Laienkuranstalten der Naturärzte zugunsten einer unhaltbaren Theorie die besseren Erfolge zu überlassen.

Vollends wie eine ganz unmotivierte Verbeugung vor den von ihm gestürzten Auffassungen nehmen sich folgende Sätze aus, die Rubner in neuerer Zeit [145] im Anschluß an eine Erklärung der „spezifisch-dynamischen" Eiweißwirkung schreibt: „Aus diesen Vorgängen gewinnt aber die Theorie der Eiweißzersetzung eine wichtige neue Stütze, welche eine ganze Reihe von weiteren Eigentümlichkeiten der Eiweißzersetzung in klareres Licht stellt, nämlich die auffallenden großen Eiweißumsätze, die man bei Steigerung der Eiweißzufuhr erreichen kann. Da bei der spezifisch-dynamischen Wirkung Wärme verloren geht, gelangt man mit ausschließlicher Eiweißfütterung nur bei sehr niedrigen Lufttemperaturen auf den Energieverbrauch des

*) Auf die Priorität dieser Entdeckung muß ich billig verzichten, da schon Hippokrates den Kohl als Mittel zur Steigerung der Milchproduktion empfohlen hat.

hungernden Tieres, in der Regel auf eine Größe, die darüber liegt und im Gebiete der physikalischen Regulation das 1,4fache des Hungerminimums bei chemischer Regulation ausmacht. Dadurch bietet sich also bei Eiweiß für den Organismus die Möglichkeit, relativ mehr als von den anderen Nahrungsstoffen, kalorimetrisch betrachtet, umzusetzen."*) Übertragen wir diese Auseinandersetzung einmal sinngemäß auf die Dampfmaschine, so würde es heißen: „Von der in der Braunkohle aufgespeicherten chemischen Energie wird weniger in die gewünschte Energieform (hier Arbeit) transformiert, als von der Cardiffkohle, es geht ein relativ größerer Teil ungenützt als Wärme durch den Schornstein. Dadurch bietet sich also bei der Braunkohle für die Lokomotive die Möglichkeit, relativ mehr als von der Cardiffkohle, kalorimetrisch betrachtet, umzusetzen." Der Ingenieur wird sich für diese „Möglichkeit" bestens bedanken, die ihm seine Maschine unnötig mehr verschlackt und frühzeitiger abnutzt, — sofern ihm Cardiffkohle zur Verfügung steht. Zum mindesten genügt hier die reservatio „kalorimetrisch betrachtet" nicht, um bei dem Leser mißverständlicher Auffassung vorzubeugen; es mußte vielmehr besonders deutlich gemacht werden, daß das nur eine kalorimetrische und keine energetisch-dynamische**) Betrachtung ist.

Schon nach dem bisher Erörterten behaupten wir: Ein größerer Eiweißüberschuß ist nicht gleichgültig, sondern schädlich. Er kann also nicht toleriert werden unter dem Gesichtspunkte: „Wenn es nicht nützt, dann schadet es nicht."

Aber Rubner selbst hat in einem anderen Zusammenhange noch weiteres Material für die Richtigkeit unserer Behauptung geliefert. In einem auf der Naturforscher-Versammlung in Köln 1908 gehaltenen Vortrage (139) sagt Rubner: „Die energetische Verfolgung des Problems der Lebensdauer

*) Von mir gesperrt. S.

**) Auf Rubners geradezu verhängnisvolle Auffassung des Wortes „dynamisch" kommen wir später ausführlich zurück.

hat ein ganz überraschendes zahlenmäßiges Resultat ergeben. Die verschiedenen Säugetiere sterben mit sehr verschiedenem Alter; zur Zeit ihres Todes haben sie aber eine Eigenschaft gemein, sie haben — der Mensch ist auszunehmen — etwa die gleiche Summe von Energie (pro Kilogramm) umgesetzt, d. h. ihre lebende Substanz hat gewissermaßen dieselbe Summe von Arbeit geliefert; bei dem einen ist dies schnell, bei dem anderen langsam vor sich gegangen. Wir haben also positive Anhaltspunkte für die Begrenzung des Lebens. Der Mensch zeichnet sich durch eine lebende Substanz aus, welche relativ von außerordentlich großer Widerstandskraft ist, er lebt viel länger als die ihm nahestehenden Säuger, etwa viermal so lange."

Der Mensch mag immerhin besser als die Tiere gestellt sein: Jedenfalls bleibt nach dem Zitierten die Tatsache bestehen, daß auch er während seines Lebens nur ein bestimmtes Energiequantum pro Kilogramm umsetzen kann. Er ist also darauf angewiesen, für seine Leistungen möglichst wenig Energie umzusetzen, einen möglichst günstigen Wirkungsgrad herauszuwirtschaften und die dabei notwendige Entropievermehrung möglichst einzuschränken. Dieser Aufgabe steht aber die „spezifisch-dynamische" Eiweißwirkung direkt im Wege. Der Fleischesser muß für dieselben energetischen Zwecke des Alltags mehr Energie umsetzen, als der Pflanzenesser, er wird also mit seiner Mitgift an Fähigkeit, Energie umzusetzen, früher fertig. Die zu dem geringen Wirkungsgrad parallel laufende stoffliche Erscheinung ist die Tatsache, daß die nicht völlig ausgenutzten noch brennfähigen Stoffe des Harns hauptsächlich aus dem Fleische stammen.

Für die interessante Tatsache, daß der Mensch sehr viel günstiger als die Tiere gestellt ist, gibt R u b n e r keine Erklärung, so daß sie zunächst stark geeignet erscheint, teleologisch-anthroprozentrische Neigungen zu begünstigen. Vielleicht können wir die Tatsache aber als Kulturgewinn erklären, und zwar durch die künstliche physikalische Regulation (Kleidung, Heizung). Diese bewirkt, daß wir den für Arbeitszwecke unvermeidlichen Wärmeverlust in höherem Grade als die Tiere für Heizzwecke ausnutzen können, die ihrerseits für

Heizzwecke oft auch die chemische Regulation in Bewegung setzen müssen, also von ihrer begrenzten Fähigkeit, Energie umzusetzen, auch dort Gebrauch machen, wo sie damit nicht in Arbeit und biologischen Energien transformieren. Der Wirkungsgrad der Energieumsetzung ihres Lebens wird dadurch geringer, sie werden früher mit ihrem Vorrat an Fähigkeit der Umsetzung fertig. Das wäre zugleich auch ein Beweis für unsere frühere Behauptung, daß der Mensch nicht die vollkommenste, sondern eine sehr unvollkommene Arbeitsmaschine ist. Der Mensch will lange leben. Zur Arbeit kann er sich andere Energien aneignen. Nansens Polarhunde leisten in kurzer Frist viel, aber auf Kosten ihrer Lebensdauer, weil sie gezwungen sind, die chemische Regulation weit über das Durchschnittsmaß hinaus in Anspruch zu nehmen. Hiernach wäre die Langlebigkeit des Menschen ein Kulturgewinn.

So stoßen wir hier von einer anderen Seite her auf eine Bestätigung meiner früheren Behauptung, auch im Bereiche der chemischen Regulation sei die Pflanzenkost absolut genommen der Fleischkost überlegen, wenn auch im Vergleich zu der physikalischen Regulation ein ungünstiges Moment, nämlich die Energieverschwendung durch adynamische Eiweißwirkung, ausgeschaltet ist.

Kehren wir nun zu unserer Behauptung zurück, daß das auffällige Schwanken Rubners in der Deutung seiner Forschungsergebnisse einer unbedingten Notwendigkeit entspringt.

Stellen wir uns einmal vor, Rubner hätte vor Robert Mayer gelegentlich der Verfolgung anderer Ziele bei seinen Experimenten unerwartet gefunden, daß die Energiemenge der Nahrung der Summe aller anderen im Organismus wirksamen Energien gleich ist. Er hätte dann diesem Kuriosum ebenso erstaunt gegenübergestanden, wie jetzt seinen unerwarteten Entdeckungen der spezifisch-dynamischen und der sekundären Eiweißwirkung. Ebenso erstaunt, aber auch ebenso ratlos. Nun hatte er aber in Wirklichkeit bei seinen Untersuchungen über das Verhältnis der Nahrungsenergie zu den Energien des Organismus einen leitenden Gedanken, von dem er deduktiv ausging, um sich das Ziel für seine experimentellen Forschungen vorzuzeichnen: den ersten Hauptsatz. Er wollte experimentell eine Annahme beweisen, an der damals schon längst niemand mehr zweifelte. Indem er sich sagte, wenn das Erhaltungsgesetz richtig sei, dann müsse es auch im Organismus gelten, wußte er schon, was er mit seinen Experimenten finden wollte. Theorie und Praxis, Deduktion und Induktion führten zu demselben Ergebnis. Dieser leitende Gedanke fehlte ihm dagegen bei der „spezifisch-dynamischen" und der „sekundären" Nahrungswirkung, die er unerwartet bei seinen Experimenten entdeckte. Die bloß induktive Methode mußte daher an einer bestimmten Stelle des Weges versagen. Dagegen besaß Bircher die leitende Idee, nämlich die Notwendigkeit, daß der zweite Hauptsatz auch im Körper gelten müsse, und hatte sie so weit durchgearbeitet, wie es auf deduktivem Wege möglich war. Es ist also verständlich, daß er es mit Freude begrüßte, als er entdeckte, daß ein für den experimentellen Teil Berufenerer ihm die induktive Bestätigung schon fertig geliefert hatte. Krummacher(88) sagt über Rubners und Atwaters experimentelle Bestätigung der Geltung des ersten Hauptsatzes im Organismus: „Der Wert dieser Untersuchungen liegt meines Erachtens weniger in der Erfüllung einer längst aufgestellten Forderung, denn zu der Zeit, als Rubner seine Versuche ausführte, zweifelte niemand mehr an der Berechtigung, das Energiegesetz auf lebende Wesen anzuwenden. Dagegen liefert die Richtigkeit der Gegenprobe den besten Beweis für die Zuverlässigkeit der Grundlagen." Nun, die Berechtigung, den zweiten Hauptsatz auf lebende Wesen anzuwenden, ist bis auf den heutigen Tag bis auf ganz wenige Ausnahmen (Zwaardemaker) keineswegs anerkannt. Um so mehr durfte Bircher die von Rubner gelieferte Gegenprobe mit Genugtuung begrüßen. Wenn wir noch einmal auf den Vergleich mit Columbus zurückkommen, so entspricht Bircher dem Columbus, der den logischen Schluß aus der Kugelgestalt der Erde zog, man müsse auch auf dem westlichen Wege nach Indien gelangen, Rubner aber dem Columbus, der gelegentlich einer anderen Absicht, nämlich den westlichen Weg nach Indien zu finden, Amerika entdeckte. Beide zusammen haben geleistet, was Columbus in einer Person vollbracht hat.

Nun wird unsere Forderung verständlich, Bircher hätte trotz der Freude über die gefundene Bestätigung seiner Lehre besser getan, die Unterschiede zwischen sich und Rubner nicht zu verwischen. Rubners Arbeit können wir mit einem Eisenbahnzuge vergleichen, der auf seinem (induktiven) Geleise eine lange Strecke ordnungsgemäß und erfolgreich zurücklegt. **Es kommt aber ein Punkt, an dem ein Weichensteller den Zug auf das deduktive Geleise überleiten muß, weil er sonst auf einen toten Strang gerät, von dem aus es kein Vorwärts gibt, sondern nur Stillstand oder Entgleisung.** Wie der Mangel des höheren ordnenden Gesichtspunktes für die von Rubner gefundenen Tatsachen auch von physiologischer Seite empfunden wird, zeigt folgendes Urteil Krummachers: „Die Verfolgung des Energieverbrauches unter den mannigfachsten Bedingungen ließ eine große Anzahl der wichtigsten Tatsachen erkennen, die aber größtenteils noch der Zurückführung auf einen einheitlichen Gedanken harren und deshalb hier zu übergehen sind.“*) — Nun, in Zukunft wird die Physiologie Rubners experimentelle Forschungen nicht mehr übergehen dürfen, sondern sie unter dem neuen Gesichtspunkte mit erhöhtem Eifer studieren müssen. Sie werden erst das richtige Leben gewinnen.

Rubners Unsicherheit in der Deutung eines Teiles seiner Befunde ist aber überdeterminiert, sie hat noch einen anderen Grund, und zwar habe ich diesen in seiner geradezu verhängnisvollen Auffassung des Wortes „dynamisch“ gefunden. Diese Auffassung führt uns auf unsere Erörterungen über den Begriff „lebendige Kraft“ und über die Grenzen der atomistisch-mechanistischen Anschauung als Arbeitshypothese zurück. Wir haben dort gesehen, daß die physiologische

*) Von mir gesperrt. S.

Forschung vielfach in blind endende Sackgassen geraten ist, weil sie, gestützt auf eine mißverständliche Auffassung der Atomistik, dazu gelangt ist, Wärme und Arbeit nur als gemeinsamen Begriff „lebendige Kraft" zu bearbeiten. Es mutet geradezu tragisch an, wie Rubner sich durch die hierdurch entstandene Verwirrung der Terminologie den Weg für den weiteren Ausbau seiner so exakten und weittragenden Forschungen wie mit einer Mauer selbst verbaut hat. Wir haben die wunderbare Entdeckung kennen gelernt, die Rubner mit dem Namen „spezifisch-dynamische" Wirkung belegt hat. Ich behaupte: Was Rubner uns hier in so vollendeter Weise zeigt, ist nicht eine dynamische, sondern adynamische Wirkung. Allenfalls könnte man von einer „thermischen" Wirkung sprechen. „Dynamisch" ist ausschließlich ein dem Worte „Arbeit", nicht aber dem physiologischen Begriffe „lebendige Kraft" entsprechendes Adjektivum. Was Rubner aber gefunden hat, ist ja gerade ein Vorgang, der jede **Arbeitsleistung** ausschließt und nur in nutzloser Wärmebildung besteht. Hätte Rubner den adynamischen Charakter der von ihm entdeckten Erscheinung erkannt, dann wäre ihm ebenso wie Bircher über die unbedingte Minderwertigkeit derjenigen Nahrungsmittel, die diese Erscheinung am ausgesprochensten zeigen, kein Zweifel geblieben, wenigstens für den Bereich der physikalischen Regulation.

Wie diese meine Auffassung auf einen in der Materie Bewanderten wirkt, zeigt eine Zuschrift von Bircher-Benner an mich nach der Lektüre des kurzen Referates über meinen Vortrag in der „Medizinischen Klinik": „Interessiert hat mich Ihre Korrektur der spez. - ‚a' - dynamischen Nahrungswirkung. Ich habe s. Z. meinem Denken Gewalt antun müssen, um das ‚spez.-dyn.' Rubners so zu verstehen, wie er es meint. Ihre Bezeichnung löst mir die Denkschwierigkeit, es ist adynamisch und nicht dynamisch. Dann aber ist auch das ‚spezifisch' nicht mehr nötig. Nicht wahr?" — Das ist zugleich gewiß eine interessante Bestätigung meiner Bemerkung über die Notwendigkeit, Auffassungsunterschiede nicht zurücktreten zu lassen.

Noch einmal spielt das Adjektivum „dynam" eine Rolle in einem von Rubner entdeckten Gesetz: Die isodyname Vertretung. An diesem Punkte hat sich wohl der entschiedenste Widerspruch der Kliniker gegen Rubner geltend gemacht. Nun kann man Rubner allerdings nicht für das Enttäuschungsgefühl verantwortlich machen, aus dem die Angriffe seiner klinischen Kritiker hervorgegangen sind, denn diese Enttäuschung stammt aus übertriebenen Hoffnungen, die an dieses Gesetz von den Praktikern geknüpft wurden, ohne daß Rubner hierzu Veranlassung gegeben hätte. Wenn dieser 1908 sagt (145): „Unter energetischer Betrachtung ist allerdings etwas ganz Anderes zu verstehen, als eine bloße mechanische Umrechnung beliebiger Stoffwechselvorgänge auf Kalorienwerte — — —", so hat er damit nichts von seinen ursprünglichen Behauptungen zurückgenommen. Der medizinische Praktiker verlangt eben immer etwas Fertiges schwarz auf weiß, das er getrost nach Hause tragen kann, sei es nun ein unfehlbares Serum, ein sonstiges Spezifikum oder eine übersichtlich und leicht zu handhabende Formel. Gegen derartige Ansprüche wahrt Rubner seinen ursprünglichen Standpunkt, ohne sich mit fortreißen zu lassen. Ähnlich wie der alte Marx seinen Schülern einmal drastisch gesagt hat: „Moi je ne suis plus Marxiste."

Von vornherein hat Rubner den Geltungsbereich des Gesetzes wie folgt eingeschränkt:

1. Die nicht für energetische Zwecke, sondern zum Ersatz und zum Aufbau (Wachstum) benötigte Eiweißmenge kann nicht durch andere Nährstoffe ersetzt werden.

2. Das Gesetz gilt nur dann, wenn die Nahrung die unter gleichen Bedingungen im Hungerzustande verbrauchte Energie-

mengenicht übersteigt. Bei Überschreitung dieser Grenze wird der Überschuß nicht gänzlich angesetzt, sondern die Kalorienproduktion wird gesteigert. Diese Steigerung ist ungleich für die verschiedenen Nährstoffe.

3. Diese „spezifisch-dynamische" Wirkung ist außerdem von der Umgebungstemperatur abhängig, sie ist an das Bestehen der physikalischen Regulation geknüpft.

Die erste Einschränkung bedarf als selbstverständlich keiner weiteren Erörterung. Dagegen muß gesagt werden, daß die Beschränkung des Gesetzes auf die Verhältnisse des Hungerverbrauchs seine praktische Brauchbarkeit doch sehr herabmindert. Hier muß eben ergänzend die Beziehung zum zweiten Hauptsatz einsetzen, und ich wage es, die Ergebnisse Rubners und Birchers in der Weise zu verknüpfen, daß ich behaupte: Die große „spezifisch-dynamische" Wirkung des Fleischeiweißes im Vergleich zu Kohlehydrat und Fett ist nichts anderes, als der Ausdruck der größeren Entropievermehrung infolge des geringeren chemischen Potentials des veränderlichen Stoffes bei jeder nicht idealen Maschine.*) Ebenso wie von zwei gleichen Dampfmaschinen die Entropiezunahme bei derjenigen größer sein wird, die mit minderwertigerer Kohle geheizt wird. Fleisch hat eben, wie Bircher wahrscheinlich gemacht hat, ein niedrigeres chemisches Potential, als Pflanzennahrung.

Wie steht es nun aber hiernach mit dem Verhältnis der pflanzlichen und der tierischen Kohlehydrate? Sind

*) Bei der Erörterung der Höberschen Einwände wird sich Gelegenheit finden, auf diese, mit dem Intensitätsgesetz zusammenhängenden Verhältnisse ausführlicher einzugehen.

wenigstens diese isodynam in dem Sinne, daß sie im Hungerverbrauch und bei chemischer Regulation im gleichen Verhältnis Arbeit — nicht „lebendige Kraft" — liefern? Vom Standpunkte des Intensitätsgesetzes drängt sich die Vermutung auf, daß auch die Kohlehydratatome des Fleischeiweißmoleküls ein niedrigeres Potential haben müßten als die Kohlehydrate der Pflanze. Auch die Zuckerstoffe des Fleischeiweißes haben ja auf ihrem Wege von der lebendigen Pflanze bis zur Fertigstellung der tierischen Zelle eine Reihe von Veränderungen erlitten, und da diese exothermer Natur waren, so muß der Energiegehalt abgesunken sein. Nun könnten sie allerdings durch die später noch zu erörternde Reaktionskoppelung eine höhere Intensität erhalten. Es ist jedoch mit höchster Wahrscheinlichkeit anzunehmen, daß der Organismus sich diese kostbare und begrenzte Fähigkeit für den Aufbau von lebenswichtigen Körpern wie Hämoglobin, Nuklein, Sperma usw. reserviert, nicht aber für Brennstoffe, die er überallher in reichlicher Menge beziehen kann. Zum Überfluß spricht dagegen auch die selbst von Abderhalden zugegebene Tatsache, daß der Organismus von den Kohlehydraten des Eiweißes „unter günstigen Verhältnissen, d. h. bei genügender Zufuhr von Fett- und Kohlehydraten in der Nahrung", wohl kaum Gebrauch machen dürfte.

Haben aber auch die Kohlehydrate der Nahrungsmittel verschiedene Potentiale, dann müssen wir auch hier wiederum den Ausdruck „dynam" beanstanden, sofern wir daran festhalten, daß damit das Maß der Fähigkeit, Arbeit abzugeben, ausgedrückt werden soll; es bliebe dann nur eine isotherme Vertretung übrig. Der einzige noch denkbare Ausweg wäre die Einführung eines neuen Faktors in die Gleichung, nämlich eines Maßstabes für chemische Intensitäten. Diesen besitzen wir aber vorläufig nicht, denn sonst wäre ja Birchers Umweg über den zweiten Hauptsatz nicht nötig gewesen. Vor Erlangung eines solchen Maßstabes können wir nicht an die Aufstellung eines praktisch brauchbaren Isodynamie-Gesetzes gehen.

Läßt sich das experimentell beweisen? Auch hier hat Rubner den experimentellen Beweis schon vorweg angebahnt; er hat gezeigt, daß die Herkunft des Eiweißes für die Mindestmenge, mit der Gleichgewicht zu erzielen ist, eine ausschlaggebende Rolle spielt. Nach seinen Untersuchungen bedarf es bei Zufuhr von 3600 Kalorien pro Tag:

Nahrung	Bruttowerte		Reineiweiß	
	Zufuhr	Umsatz	Zufuhr	Umsatz
Kartoffel	64	57	42	37
Reis	73	65	69	61
Mais	95	77	90	73
Weißbrot	95	90	85	81
Schwarzbrot	109	90	98	81
Muttermilch	114	31	95	—
Kuhmilch	181	98	172	93
Erbsen	229	132	—	—
Eier	316	214	—	—
Fleisch	501	261	—	—

Diese Skala zeigt manches Interessante, obwohl sie für unsere Zwecke mit großer Vorsicht benutzt werden muß. Wenigstens für einen Weg der Potentialverminderung scheint sie Licht zu bringen, nämlich für die Energieverschlechterung durch Hitzeeinwirkung. Unter der gleichartigen Gruppe der Feldfrüchte stehen Kartoffeln am günstigsten: sie kochen nur ca. 20 Minuten. Der nächstgünstige Reis kocht bei zweckmäßiger Zubereitungsweise etwa ¾ Stunden an gelindem Feuer. Dagegen muß das Brot mehrere Stunden in der Backofenhitze bleiben und macht außerdem einen energieverschlechternden Gärungsprozeß durch. Über die Zubereitungsweise des zwischen Reis und Brot rangierenden Mais ist nichts angegeben.

Hier zeigt sich also ein gewisser Parallelismus zwischen dem Maß der exothermen Veränderungen und der biologischen Wertigkeit des Eiweißes. Dagegen dürfen wir uns nicht verlocken lassen, die Angaben dieser Tabelle über Leguminosen, Eier und Fleisch für unseren Zweck ohne weiteres in demselben Sinne zu verwerten. Wegen der Kohlehydratearmut dieser eiweißreichen Nahrungsmittel ist zu erwarten, daß sie, um genügend Zuckerstoffe zu liefern, für energetische Zwecke in vergrößerter Menge herangezogen werden müssen, so daß hierdurch wenigstens ein Teil des hohen Eiweißminimums anders, als durch die von uns vermutete Energieverschlechterung erklärt ist. Wenn Rubner sagt,[144] daß der Erwachsene vielleicht nur deswegen nicht mit einem so niedrigen Eiweißminimum ausreiche, wie der Säugling, weil ihm kein so adäquates Nahrungsmittel, wie die Muttermilch, zur Verfügung stände, so ist zu bedauern, daß in der Tabelle Werte für rohe Früchte und Wurzeln fehlen (Obst, Nüsse, Bananen, Kohl, Rüben usw.). Wenn diese Nahrungsmittel gut gekaut werden, so ist die dann noch verbleibende schlechtere Ausnutzung im Darm nicht so erheblich, daß sie nicht durch die bessere energetische Ausnutzung überkompensiert würde. Und die Darmrückstände haben ja auch ihre wichtige Funktion, was man am besten an der häufigen chronischen Obstipation der Kreise sieht, die auf besonders „nahrhafte“ Speisen Wert legen.

An anderer Stelle (Leydens Handbuch S. 131) sagt Rubner: „Das Suchen nach einem Eiweißminimum wird überhaupt nie von einem Erfolg begleitet sein, weil es eben nicht ein, sondern viele Eiweißminima, mit welchen die Ernährungslehre rechnen muß, gibt. Ein Eiweißminimum läßt sich nur feststellen, wenn man ganz genau bestimmt, mit welchen Nahrungsmitteln es erreicht werden soll.“ Hier treffen sich beide, Bircher von der deduktiven, Rubner von der induktiven Seite herkommend, in einem Punkte, wie zwei Ingenieure, die einen Berg durchbohren, genau an dem erwarteten Punkte zusammenstoßen. Beide kommen von ihren Standpunkten zu demselben Ergebnis der verschiedenen biologischen Dignität der Nahrungseiweiße. Diese Folgerung auch auf die Kohlehydratkomponenten des Eiweißes auszudehnen, dürfte, wenn nicht notwendig, doch mindestens sehr naheliegend sein.

Thomas hat durch Arbeiten in Rubners Laboratorium die verschiedene biologische Wertigkeit der Stickstoffsubstanzen in verschiedenen Nahrungsmitteln bestätigt. Wenn er allerdings sagt: „Dieser Unterschied beruht auf einer verschiedenen Verwertbarkeit der Stickstoffsubstanzen im Organismus," so ist das keine Erklärung, sondern nur eine Umschreibung des Problems, nicht wertvoller als die Erklärung des Fritz Reuterschen Helden, die Armut sei eine Folge der großen „Powerteh". Diese Erklärung zeigt wiederum anschaulich die Grenzen der bloß induktiven Forschung.

Noch eine weitere Einschränkung erleidet das Isodynamiegesetz. Der höhere Vertretungswert des einen Nährstoffes im Vergleich zu anderen, z. B. des Fettes, rechtfertigt nicht etwa die Annahme, nunmehr könne man auch durch Fett eine absolut größere Ersparnis erzielen, als durch Kohlehydrate. In Wirklichkeit ist bekanntlich gerade das Umgekehrte richtig. Die Ursache dieses scheinbaren Widerspruches liegt darin, daß bei der Gleichung noch ein Zeitfaktor zu berücksichtigen ist, nämlich die Reaktionsgeschwindigkeit. Die Oxydationsgeschwindigkeit der Kohlehydrate im Organismus ist aber erheblich größer, als die der Fette, so daß in der Zeiteinheit tatsächlich mehr Kohlehydrat als Fett umgesetzt wird. Dieser Unterschied ist so bedeutend, daß die Gesamtersparung an Eiweiß durch Kohlehydrate größer ist, als die durch Fette.

Nach alledem muß man zugeben, daß die praktische Verwertbarkeit der Isodynamie für den Kliniker vorläufig in der Tat recht gering ist. Das tut ihrem theoretischen Interesse ebensowenig Abbruch, wie es etwa der Bedeutung der Überlegungen über ideale Maschinen, über Grenzfälle und andere Gedankenexperimente der theoretischen Physik schadet, daß sie in der Natur nicht verwirklicht sind. Aber der Praktiker empfindet ein wenig wie Romeo, der auf die Tröstungen der Philosophie verwiesen wird: Hängt die Philosophie, wenn sie Julia nicht lebendig machen kann! Hängt die Isodynamie, wenn sie uns nicht eine bequeme „mechanische Umrechnung beliebiger Stoffwechselvorgänge auf Kalorienwerte" ermöglicht. In „klinisch geleiteten" Sanatorien wird trotzdem in diesem Sinne weiter rüstig drauflos gerechnet.

Immerhin hat es auch nicht an einzelnen Klinikern gefehlt, die in das Hohelied von der Eiweißmast nicht unbedingt einstimmten. So sagt Magnus Levy: „Auch für den geschwächten oder schwachen Organismus scheint mir die Bedeutung der Eiweißmast in unseren Tagen doch etwas übertrieben zu werden. Wir leugnen die Richtigkeit vieler Indikationen für eine Mastkur und die Häufigkeit guter Erfolge nicht. Indes den heute in vielen ärztlichen Kreisen vorhandenen Glauben, der eine Verbesserung des Eiweißbestandes als das Heilmittel oder doch als eines der wichtigsten Heilmittel des ‚geschwächten Körpers' ansieht, vermögen wir nicht zu teilen; er ruht nicht auf allzu festen Füßen. Mit der Berufung auf die ‚exakte Wissenschaft' ist gerade hier viel Mißbrauch getrieben worden."

Folin spricht sich noch entschiedener aus: „Aber es ist auch ganz gut möglich, daß die ständige Aufrechterhaltung solch einer unnötig großen Versorgung mit unorganisiertem Reservematerial früher oder später eines oder das andere oder alle lebendigen Gewebe schwächen kann. Auf jeden Fall scheint es kaum begreiflich, daß der menschliche Organismus, welcher jederzeit mit Nahrung sich versorgen kann, durch einen solchen Überschuß an aufgespeichertem Eiweiß an Kraft gewinnen kann. Das Tragen von übermäßigen Fettmengen wird als ein Hindernis angesehen, das Tragen von übermäßigen Mengen unorganisierten Eiweißes braucht es nicht weniger zu sein, weil es häufiger und scheinbar weniger auffallend ist."

Einen besonderen Standpunkt nimmt Abderhalden ein, um trotz der großen spezifisch-dynamischen Wirkung die hohe Dignität des Eiweißüberschusses aufrechtzuhalten. Er leitet eine besondere Wertigkeit des Eiweißes aus dem Umstande her, daß die Zelle aus Eiweiß Fette und Kohlehydrate bilden kann. Allerdings sieht er sich zu der Einschränkung genötigt: „Ob derartige Umsetzungen auch unter günstigen Verhältnissen, d. h. bei genügender Zufuhr von Fett und Kohlehydraten in der Nahrung, stattfinden, ist fraglich und wohl kaum anzunehmen.“ Vermutungsweise gibt er folgende teleologische Erklärung der hohen spezifisch-dynamischen Eiweißwirkung: Weil der tierische Organismus offenbar keine Depots für überschüssiges Eiweiß besitzt, sei es wohl denkbar, daß er die erhöhte Eiweißzufuhr mit einem gesteigerten Zellauf- und -umbau beantwortet, um die gebotenen Bausteine im ganzen Umfange ausnutzen zu können. Diese Erklärung scheint schon an der sekundären Nahrungswirkung des Eiweißes zu scheitern, und Birchers Charakterisierung dieser als Notregulation dürfte der Wahrheit näher kommen.

Wenn wir bedenken, welche Revolution eine genaue Kenntnis der „spezifisch-dynamischen“ Eiweißwirkung und der sekundären Nahrungswirkung des Eiweißes in unseren Anschauungen über Ernährung des kranken und gesunden Menschen herbeiführen muß, so werden wir schon eher begreifen, weshalb das Gros der Kliniker, und sogar auch ein Teil der Physiologen, Rubners Gesetze des Energieverbrauchs bisher beiseite geschoben, zum Teil sogar totgeschwiegen hat, als wären es die Leistungen irgendeines nach Anerkennung ringenden Unbekannten. Trotzdem sind die Fundamente der herrschenden Ernährungslehre wenigstens im Unterbewußtsein der Kliniker erschüttert, so daß ein Gefühl der Unsicherheit und des Mißbehagens besteht. Das zeigt sich, wie neu herandrängende Gedanken sich immer in der menschlichen Psyche manifestiert haben: durch Produktion von Widerstand. In Zeiten, in denen der Kirchenglaube wankt, werden als direkte Reaktion stets mit doppeltem Eifer neue Kirchen gebaut. So begegnet man in neuerer Zeit in periodischen Zeitschriften auffällig häufig populären Aufsätzen wissenschaftlicher Autoritäten (von Noorden, Albu, Oppenheimer, Hueppe u. a.), in denen die Wichtigkeit reichlicher Eiweiß- und Fleischnahrung betont wird, und zwar nicht mit ruhiger Gelassenheit, sondern mit einer auffällig starken Affektbetonung gegenüber den entgegengesetzten Auffassungen.

Nun könnte man einwenden: Wenn Rubner selbst diese Folgerungen aus seinen Forschungen nicht mit eindeutiger Entschiedenheit empfiehlt, dann sind die Praktiker um so weniger dazu verpflichtet oder sogar berechtigt. Hierauf muß erwidert werden: Rubner ist kein Kliniker. Wohl aber ist er ein vorsichtiger Forscher, der weiß, daß bei der Beurteilung dieser Fragen auch die praktische Erfahrung der Kliniker, der ärztliche Blick des Praktikers mitzusprechen haben. Es war also sein Recht, wenn er es den Klinikern überlassen hat, die letzten Schlüsse zu ziehen, nachdem er ihnen die wissenschaftlichen Grundlagen geliefert. Etwas Ähnliches dürfte sich Mendel[102] gedacht haben, wenn er sagt: „In allen diesen letzten von Rubner, Forster und Tigerstedt geäußerten Anschauungen ist bei dem Bedenken, irgendeine radikale Änderung des gewohnten Eiweißkonsums anzuraten, der Konservatismus der Erfahrung auffälliger, als die Überzeugung des Forschers."

Birchers Kritiker.

Wir müssen uns nun mit den Einwendungen beschäftigen, die gegen Birchers Lehre erhoben worden sind. Dabei können wir — leider — sehr kurz sein, soweit es sich um die klinischen Kritiker handelt, deren Verhalten ein trübes Bild von der „Voraussetzungslosigkeit" ihrer wissenschaftlichen Prüfung bietet. Den noch nicht genügend abgehärteten Neuling im Wissenschaftsbetriebe ergreift wohl maßlose Enttäuschung, wenn er von der hohen Warte seines studentischen Idealismus aus die Formen des Misoneismus kennen lernt, die oft die bescheidensten Ansprüche an Logik und Vorurteilslosigkeit vermissen lassen.

In dieses Kapitel gehört auch das Referatenwesen, dessen Handhabung oft an Witzblattypen gemahnt, wie den Theaterkritiker, der seine Kritik liefert, ohne der Vorstellung beigewohnt zu haben. Wer unvorsichtig genug wäre, sich aus einem Referat eine Vorstellung über den Inhalt einer Arbeit bilden zu wollen, dem kann es geschehen — und nicht bloß in Ausnahmefällen — daß er einen dem wirklichen Inhalt entgegengesetzten Eindruck erhält.

So lassen auch die von klinischer Seite stammenden Kritiken Birchers, soweit sie mir bekannt geworden sind, die bescheidensten Ansprüche an Sachlichkeit unerfüllt. Eine sachliche Widerlegung wird gar nicht versucht, insofern man nicht die gelegentliche Berufung auf Höber als Gewährsmann als solche gelten lassen will, sondern man erschöpft sich in aufgeregten kontradiktorischen Behauptungen und Urteilen. Näheres darüber kann man in Birchers Buch an den Stellen nachlesen, an denen er sich mit seinen klinischen Kritikern auseinandersetzt.

Beachtliche, weil auf theoretischer Begründung fußende Einwendungen sind eigentlich nur von zwei Seiten gemacht worden, nämlich von W. Ostwald und von R. Höber.

Hierbei ist nun Ostwalds kritisches Bedenken, das sich überdies nur gegen Birchers skizzenhafte Ausführungen in der ersten Auflage seines Buches gerichtet hat, von anderen Kritikern unzulässig verallgemeinert worden; man hat ihm eine von Ostwald nicht beabsichtigte Tragweite beigelegt. Neben Zuntz, der in einem kurzen Referat unter Berufung auf Ostwald zu Birchers zweiter Auflage Stellung nimmt, hat dies besonders Höber getan. Ostwald hatte in einer Besprechung der ersten Auflage Birchers gesagt: „Es ist stillschweigend angenommen worden, daß das gesamte Absinken des chemischen Potentials durch freiwillige Änderungen, das nicht in Zweifel zu ziehen ist, auch ein entsprechendes Absinken bei jedem der beteiligten Stoffe notwendig mit sich bringt. Dies ist aber nicht der Fall. Wie ich vor einigen Jahren allgemein gezeigt habe, wird durch die Koppelung der Reaktionen, d. h. die gleichzeitige Entstehung mehrerer Stoffe aus gegebenen Ausgangsstoffen, die Bildung von Stoffen höheren Potentials, als die Ausgangsstoffe haben, ermöglicht. Denn der zweite Hauptsatz verlangt nur, daß die gesamte freie Energie auf der rechten Seite der Reaktionsgleichung kleiner ist, als auf der linken. Entstehen nun z. B. zwei Stoffe, von denen einer einen größeren Potentialabfall bedingt, so kann das Potential des anderen auf Kosten dieses Abfalles gestiegen sein."

Aus diesen Bemerkungen zieht Höber folgende Schlußfolgerungen: „Es ist weder notwendig, noch irgendwie bewiesen, daß die freie Energie der einzelnen tierischen Nahrungsstoffe geringer ist, als die der analogen Vegetabilien; es beruht auf einem Mißverständnis der von Bircher herangezogenen und von Ostwald genauer erörterten Vorgänge bei der Reaktionskoppelung, wenn Bircher behauptet, daß die maximale freie Energie jedes einzelnen Reaktionsproduktes hinter der freien Energie der Ausgangsstoffe zurückstehen müsse."

Man beachte den Unterschied: Ostwald sagt, Bircher habe „stillschweigend angenommen", Höber übersetzt „Bircher behauptet". Höber erhält dieses „behauptet" erstaunlicherweise sogar noch in der im Juni 1911 erschienenen dritten Auflage seines Buches aufrecht, obgleich Bircher schon 1909 in seiner dritten Auflage das Gegenteil ausführlich auseinandergesetzt hat. Er zeigt dort, daß er die Möglichkeit der Potentialverbesserung einzelner Reaktionsprodukte durch Reaktionskoppelung durchaus nicht verkennt. Nur legt er zugleich dar (S. 75—77 und 278), aus welchen Gründen man diese Energieaufspannung, insbesondere für die Muskeln und die großen Drüsen, so gering veranschlagen müsse, daß sie durch die übrigen mit Potentialabfall verlaufenden Prozesse weit überkompensiert wird.

Was Ostwald gesagt hat, ist eigentlich etwas recht Selbstverständliches. Wie sollte der Organismus auch ohne Reaktionskoppelung, z. B. Hämoglobin, Nuklein u. a., höher konstituierte Körper aufbauen! Aber gerade der Umstand, daß ein Teil der Nahrungsabkömmlinge zugunsten des anderen Teiles an Intensität verlieren muß, läßt die Forderung um so dringender erscheinen, daß die gesamte Nahrung möglichst hoch potenziert ist, damit die Reaktionsglieder, deren Intensität durch Abgabe an andere geschwächt ist, trotzdem noch hoch genug potenziert bleiben, um überhaupt noch energetisch verwendet werden zu können. Denn wir wissen ja durch Rubner, daß 96 % der resorbierten Nahrung nur für energetische Zwecke gebraucht werden. Dieser Forderung entspricht die Fleischnahrung aber weniger, als die Pflanzenkost, was schon daraus hervorgeht, daß sie energetisch und chemisch weniger vollständig ausgenutzt wird. Denn die noch Brennfähigkeit besitzenden Harnbestandteile wie Harnstoff, Harnsäure, Purine usw. stammen ja im wesentlichen aus dem Fleisch und solchen Pflanzen, die, wie die Pilze, ein Schmarotzerleben führen und im energetischen Sinne daher als Tiere anzusehen sind. **Dieser Vorgang bedeutet, daß Fleisch früher als Pflanzenkost auf ein so niedriges Potential kommt, daß es in dem auf hohe Nahrungspotentiale abgestimmten menschlichen Organismus nicht mehr energetisch verwendet werden kann. Es muß also von einem weniger hohen Potential ausgegangen sein.** Dieser schlechteren stofflichen Ausnutzung entspricht die hohe „spezifisch-dynamische" Wirkung des Fleisches. Auch durch Rubners Entdeckung, daß das Eiweißminimum bei Pflanzeneiweiß weit geringer als bei Fleischeiweiß ist, wird das niedrigere chemische Potential des letzteren bestätigt. Hiermit stimmt auch die Tatsache überein, auf die Caspari und Glaessner[24] zum erstenmal hingewiesen haben, nämlich, daß der schlechteren Ausnutzung der Vegetabilien im Darme eine bessere Ausnutzung im Stoffwechsel gegenübersteht. Einem größeren Verluste im Kot entspricht ein geringerer Verlust im Harn.

Unser Organismus ist auf hohe Nahrungspotentiale abgestimmt. Ist erst einmal gezeigt, daß die etwaige, durch Reaktionskoppelung zustande gekommene Energieverbesserung einzelner Bestandteile des Tierkörpers durch die exothermen Vorgänge überkompensiert wird — und das hat Bircher bis zur Gewißheit wahrscheinlich gemacht —, dann ist dem Ostwaldschen Einwand Genüge getan, und Birchers Schlußfolgerung aus dem zweiten Hauptsatze kommt uneingeschränkt zur Geltung, während Höbers weitergehende und verallgemeinernde Schlüsse aus Ostwalds Bedenken ungerechtfertigt sind. Wenn jemand behauptet, nach der Schlacht sei die Armee kleiner als vorher, dann kann ein anderer von irgendeinem Sondergewichtspunkt aus mit Recht glauben den Hinweis äußern zu müssen: Richtig, aber wir dürfen nicht vergessen, daß einzelne Bataillone nach der Schlacht sogar stärker sein können, wenn nämlich der Oberfeldherr während der Schlacht einzelne dezimierte Bataillone in wichtigen Stellungen durch Teile anderer Abteilungen über die normale Stärke hinaus aufgefüllt hat. Wenn das den Ostwaldschen Einwand bedeutet, so kommt nun Höber und behauptet triumphierend, Ostwald habe die Angabe, nach der Schlacht sei die Armee kleiner als vorher, widerlegt.

Höber hat dann aus eigenem weiter folgenden Einwand gemacht:

„Die ganze Rechnerei mit den Werten freier Energie hat nur einen Sinn, wenn man es in den Reaktionssystemen mit reversiblen Vorgängen zu tun hat. Nun sind die meisten Vorgänge im Menschen aber sicher nicht reversibel, und es ist durchaus wahrscheinlich, daß die nutzbare freie Energie bei den einzelnen Nahrungsstoffen differiert. Da aber bis heute weder die freie Energie unserer Nahrungsstoffe, noch die Leistung der einzelnen Organsysteme meßbar ist, so können Betrachtungen über die freie Energie vorläufig zu gar keinem brauchbaren Ziele führen. Übrigens geht aus den verschiedenen Sätzen, besonders aus der Bewertung der spezifisch-dynamischen Wirkung des Eiweißes auf S. 78, hervor, daß der Begriff der freien Energie Bircher ganz unklar geblieben ist.

Dieser Kritik begegnet Bircher wie folgt:

„Hier liegt nun der wunde Punkt der ganzen Höberschen Kritik. Überall, wo ich von ‚Potential' spreche, spricht Höber von ‚freier Energie'. Ist aber freie Energie identisch mit Potential oder wenigstens eine proportionale Größe? Höber scheint dies zu glauben. S. 425 seines Buches über die physikalische Chemie der Zelle und der Gewebe nennt er die freie Energie ‚ein Maß der chemischen Affinität'. Sie ist es aber nur in dem seltenen Falle eines reversiblen Vorganges, dann, wenn der ganze Energieunterschied eines Potentialabfalles sich in freie Energie umwandelt. Dann ist sie auch das Maß des Potentialverlustes, aber sonst nie! In allen irreversiblen Vorgängen — und dazu gehören die Lebensprozesse — ist die freie Energie ein variabler Bruchteil des Energieunterschiedes, abhängig vom Reaktionsverlauf bei den

Ernährungsvorgängen, zurzeit weder meß- noch abschätzbar. Deshalb habe ich nicht von der freien Energie gesprochen und nicht mit ihr gerechnet. Alles, was Höber gegen meine Lehre vorbringt, trifft seine Lehre von der freien Energie. Die Rechnerei mit der freien Energie hätte nur bei reversiblen Vorgängen einen Sinn, ist aber vorläufig auf die Lebensvorgänge nicht anwendbar. Der Vorwurf der Unklarheit fällt also voll und ganz auf den Urheber zurück, um so mehr, als alle seine Einwände unzulässig sind, sowie wir das seiner freien Energie unzugängliche Gebiet der irreversiblen Lebensprozesse mit dem dafür geeigneten Maßstabe des zweiten Hauptsatzes, dem Potential, betreten."

Mit Recht beanstandet Bircher vor allem hier Höbers Definition der freien Energie als „Maß der chemischen Affinität". Im übrigen akzeptiert er aber in seiner dritten Auflage den Ausdruck „freie Energie", wodurch er einen Teil von Höbers Unklarheit übernimmt und sich dessen Widerlegung erschwert. So sagt er z. B. S. 59 III. Aufl.: „Da der Organismus mit der freien Energie der Nahrung seine Lebensäußerungen bewirkt, so besteht zwischen den ausgeschiedenen Stoffen und der Nahrung (einschließlich Sauerstoff) ein Potentialunterschied." Ich behaupte: Das Wort „freie" vor „Energie" steht hier zu Unrecht. Wir werden daher tiefer schürfen und uns fragen müssen: Was ist unter freier Energie zu verstehen? Der Begriff ist von Helmholtz für bestimmte Zwecke eingeführt. Sehen wir uns also zunächst Helmholtz' Erklärung an:

„H ist die äußere Arbeitsfähigkeit bei isothermen Prozessen; die aus H gewonnene mechanische Arbeit ist unmittelbar verwandelbar in jede beliebige Form; der durch H repräsentierte innere Arbeitsvorrat des Körpers ist also ohne innere Temperaturänderung frei verwandelbar. H ist aber nicht die ganze innere Energie des Körpers, da diese gleich $U = H + \vartheta . S.$; es existiert also vielmehr noch ein anderer Teil $\vartheta . S.$ der Gesamtenergie, welcher ohne Temperaturänderungen nicht wirksam werden kann. Unter diesen Umständen habe ich geglaubt, dieses Verhältnis am besten bezeichnen zu können dadurch, daß ich für die Funktion H den Namen ‚freie Energie' des Körpers gewählt habe;

d. i. derjenige Teil, welcher ohne Temperaturänderung unmittelbar ins Leben treten, Veränderungen und mechanische Arbeit hervorbringen kann. — Der andere Teil ϑ. S. der inneren Energie kann bei isothermen Prozessen nicht in Arbeit umgesetzt werden; er soll als gebundene Energie bezeichnet werden."

Diese Definition hat Helmholtz für gewisse theoretische Überlegungen eingeführt, z. B. für den Nachweis der Möglichkeit, Wärmeenergie reversibel in äußere Arbeit zu verwandeln. Dazu gehört isotherme Wärmezufuhr z. B. zu einem sich dabei ausdehnenden Gase. Dabei muß Berührung des letzteren hergestellt werden mit einem sehr großen, nur unendlich wenig heißeren Wärmereservoir. Ein anderes Beispiel, bei dem sich die Schaffung des Begriffs der freien Energie für das Verständnis sehr nützlich erwiesen hat, ist Helmholtz' Theorie des Nutzeffekts Voltascher Elemente. (Zitiert nach Ostwald, „Die chemische Energie", S. 556.)

Aber welchen Sinn hat es, diese beiden für bestimmte Gedankenexperimente sehr fruchtbaren Begriffe auf die Wandlungen der chemischen Energie zu übertragen? Chemische Prozesse in der Wirklichkeit sind entweder exotherm oder endotherm, niemals aber isotherm. Die durch chemische Vorgänge zur Verfügung gestellte Energie ist also, wenn wir uns an obige Definition halten, niemals freie, sondern immer gebundene Energie, die erst unter Temperaturänderung verfügbar gemacht werden kann. Wenn ein Stück Kohle an einem Faden frei hängt, so kann sie ohne innere Wärmeänderung dann Arbeit leisten, wenn der Faden durchschnitten wird. Wollen wir also den Begriff „freie Energie" hierauf anwenden, so könnte damit nur die der Kohle innewohnende Energie der Lage gemeint sein. Wird die Kohle dagegen verbrannt, so kann ihre chemische Energie unter innerer Wärmeänderung Arbeit abgeben; sie ist also gebundene Energie, die verfügbar gemacht wird. **Die chemische Energie ist demnach niemals freie, sondern stets gebundene Energie.** Freie Energie betätigen also die chemischen Körper im Organismus nur da, wo sie durch Osmose, Diffusion, Oberflächenspannung und ähnliche physikalische Vorgänge Arbeit leisten. Immer vorausgesetzt — was ich als physikalischer Laie nicht entscheiden kann —, daß es zulässig ist, die Begriffe freie und gebundene Energie auf die chemische Energie überhaupt anzuwenden, was eben Höber tut.

An früherer Stelle habe ich bereits für „freie Energie" „verfügbare Energie" eingesetzt. Das ist nicht etwa ein Streit um Worte. Denn gerade die Verkennung des Helmholtzschen Begriffes „freie Energie" und seine Übertragung auf chemische Reaktionen, wo man richtiger nur von Energie oder von verfügbarer Energie sprechen müßte, hat Höber zu einer Reihe von Mißverständnissen geführt, zu denen auch die Gleichsetzung von „freie Energie" und „Potential" gehören. Wo Bircher von Potential spricht, redet Höber regelmäßig von freier Energie. Das Potential ist aber nur ein Faktor des Produktes Energie, und ein Produkt kann nur in dem einen Sonderfalle einem seiner Faktoren gleichgesetzt werden, wenn der andere Faktor gleich 1 ist. Aus dieser Verwechselung stammt auch Höbers falsche Definition der freien Energie als Maß der chemischen Affinität. Denn es geht daraus deutlich hervor, daß er freie Energie mit Intensitätsdifferenz verwechselt. Maß der chemischen Affinität könnte allenfalls nur chemische Energie sein. Nun ist aber nach Helmholtz' Definition die chemische Energie gerade keine freie Energie. Es wäre also im Gegensatz zur obigen ganzen Unwahrheit wenigstens eine halbe Wahrheit, wenn Höber definieren würde: „Die gebundene (chemische) Energie ist das Maß der chemischen Affinität." Aber auch nur eine halbe. Denn in Wirklichkeit können wir Energien nicht messen, sondern nur ihre Intensitäten. Um z. B. eine Wärmemenge zu messen, müssen wir den Umweg wählen, daß wir mit dem Thermometer ihren Intensitätsfaktor bestimmen und das Ergebnis mit dem Kapazitätsfaktor multiplizieren. Will Höber also definieren, dann müßte er sagen: „Das chemische Potential ist das Maß der chemischen Affinität." Das wäre wenigstens richtig, aber es würde uns nicht wesentlich fördern, eben weil wir für chemische Intensitäten keinen Maßstab besitzen. Aber mindestens wäre Höber dann die falsche Auffassung von Birchers Theorie erspart geblieben.

Prüfen wir nun unter diesen Gesichtspunkten die Einwände Höbers gegen Bircher.

Birchers Definition des Nährwertes durch das chemische Potential gibt er so wieder: „Der Nährwert ist durch die bei der Umwandlung zur Disposition gestellte maximale freie Energie bestimmt." Diese Definition bahne keinen Fortschritt an. „Von vornherein schon deshalb nicht, weil uns bisher keine Mittel zu Gebote stehen, die freie Energie der gewöhnlichen Stoffwechselreaktionen, sagen wir der Verbrennung von Zucker zu Kohlendioxyd und Wasser, zu messen." Das ist ja richtig, denn was nicht vorhanden ist, das können wir nicht messen. Dagegen können wir die verfügbar gemachte gebundene Energie wohl messen, nämlich kalorimetrisch. Wieviel von dieser verfügbaren Energie tatsächlich verwandelt wird, das ist eine ganz andere Frage, die nur von dem thermischen Gefälle der Maschine abhängt. Dagegen hat Bircher, was wichtiger ist, konstatiert, daß wir die chemischen Potentiale nicht messen können. Er hat aber auch einen Ausweg gezeigt, der uns wenigstens ein Abschätzen ihrer relativen Stärken mittels des zweiten Hauptsatzes gestattet. Man braucht doch nicht die Potentialdifferenz (Höber sagt „die freie Energie") der gewöhnlichen Stoffwechselreaktionen messen zu können, um aussagen zu dürfen, daß in gleichen Maschinen und bei gleicher thermodynamischer Differenz ein Volumen Kohle mehr Arbeit leisten kann, als das gleiche Volumen Koks! Das lehren uns vielmehr übereinstimmend die Erfahrung und der zweite Hauptsatz. Letzteres ist aber schon ein wertvolles Mittel, weil wir wissen, daß unser Organismus auf hohe Nahrungspotentiale abgestimmt ist.

H ö b e r fährt dann fort: „Aber selbst wenn uns für die verschiedenen möglichen Stoffwechselreaktionen die disponibeln Arbeiten bekannt wären, so ließe sich darauf auch nur dann eine Tabellierung der Nährwerte gründen, falls die arbeitleistenden Maschinen im Organismus reversibel funktionierten. Denn sobald diese Systeme nicht reversibel arbeiten, wandelt sich ein größerer oder kleinerer Bruchteil der freien Energie in Wärme um, und die mit reversibel funktionierenden Anordnungen ermittelten Werte der maximalen Arbeit verlieren in ihrem Hauptanwendungsbereich alle Gültigkeit."

Zunächst ist hierzu zu bemerken, daß B i r c h e r gar nicht an eine „Tabellierung der Nährwerte" denkt. Es ist ja gerade der Grundgedanke seiner Lehre, daß wir dies nicht vermögen, weil wir keinen Maßstab für chemische Intensitäten besitzen. Wäre diese Tabellierung möglich, dann brauchte B i r c h e r ja nicht erst das Ersatzmittel der Abschätzung der relativen Stärken mittels des zweiten Hauptsatzes einzuführen. Was H ö b e r hier behauptet, ist dasselbe, als wollte er sagen, man könne aus dem Brennwert der Kohle nicht einen Maßstab für die maximale Arbeit herleiten, weil die Dampfmaschine nicht reversibel arbeitet. D i e m a x i m a l e A r b e i t b e r e c h n e t m a n n i c h t a u s d e r c h e m i s c h e n P o t e n t i a l d i f f e r e n z d e s v e r ä n d e r l i c h e n K ö r p e r s, s o n d e r n a u s d e r t h e r m i s c h e n D i f f e r e n z d e r M a s c h i n e. Hier liegt eine Unklarheit vor, die B i r c h e r mit H ö b e r teilt, und die wir daher später noch eingehender behandeln müssen. Vorher kehren wir aber noch einmal zur „freien Energie" zurück. Unbestreitbar findet man auch heute noch das Wort „freie Energie" in der physikalisch-chemischen Literatur. Es fragt sich nur, ob es noch in dem eigentlichen Sinne von H e l m h o l t z gebraucht wird. Es macht in der Tat den Eindruck, als ob die Physiker auch dort von freier Energie sprechen, wo sie eigentlich nur „verfügbare" Energie schlechthin sagen wollen, ohne daß es in ihrer Absicht läge, dabei zu berücksichtigen, ob diese Energie erst unter innerer Wärmeänderung zur Verwandlung bereit gestellt wird, oder ob sie auch isotherm verfügbar ist. Vielleicht geschieht das aus einem Pietätsgefühl gegen Helmholtz heraus. Ist diese Vermutung richtig, dann bedeutet nach heutigem Gebrauch „freie Energie" nur ganz allgemein „verfügbare Energie", soweit wenigstens von chemischen Reaktionen die Rede ist. Nun können die Physiker in ihrem gegenseitigen Verkehr sich ohne Gefahr des Mißverstehens eine solche gelegentliche Laxheit des Ausdrucks gestatten. Wie es etwa kein Mißverständnis über die heliozentrische Auffassung unseres Sonnensystems geben kann, wenn ein Astronom im Kreise seiner Fachgenossen konstatiert, die Sonne sei untergegangen. Dagegen zeigt es sich gerade an dem Beispiel Höbers, daß für den außenstehenden physikalischen Halblaien — und dazu gehören wohl heute noch ziemlich alle Biologen — der zweideutige Ausdruck zu einer verhängnisvollen Mauer werden kann, die das richtige Verständnis der Tatsachen versperrt und das Denken auf Irrwege führt. Daß Höber in der Tat mit dem ursprünglichen Helmholtzschen Begriff zu operieren vermeint, ergibt sich aus folgendem Zitat (2. Auflage S. 422): „Wegen dieser freien Verfügbarkeit zu allerlei Verwandlungen spricht man auch vom Auftreten von freier Energie (Helmholtz)." Hiernach hat es fast den Anschein, als ob er die historische Bedeutung der freien und gebundenen Energie von Helmholtz gar nicht an der Quelle studiert hat.

Ostwald spricht auch bei der Erörterung chemischer Vorgänge gelegentlich von freier Energie. Prüfen wir nun einige solcher Sätze daraufhin, ob er dabei die freie Energie im Sinne der alten Helmholtzschen Definition aufgefaßt wissen will, oder ob er das Wort entsprechend meiner obigen Vermutung einfach mit „verfügbarer Energie" gleichsetzt, ohne Rücksicht darauf, ob sie isotherm, oder unter innerer Wärmeänderung verfügbar wird. In einer Arbeit über Katalyse [111] sagt er: „. . . Der Keim der anderen Phase ist nicht die Ursache der Reaktion in dem Sinne, in welchem R. Mayer dieses Wort braucht, denn er liefert nicht die für den Vorgang erforderliche freie Energie, sondern er ist nur die Auslösung eines Vorganges, der sich auch aus eigenen Kräften vollendet, nachdem er einmal in Gang gebracht ist." — Hier ist ohne weiteres ersichtlich, daß der Sinn des Satzes sich gar nicht ändert, wenn man das Wort „freie" einfach wegläßt oder durch „verfügbare" ersetzt. — S. 189 heißt es: „Wohl aber sind unter diesen Einflüssen keine Reaktionen möglich, bei denen eine Verminderung der freien (nicht der gesamten) Energie stattfindet. Es sind mit anderen Worten unter dem Einflusse von Katalysatoren keine Reaktionen möglich, die nicht auch ohne diesen Einfluß stattfinden könnten, ohne daß eines der Energiegesetze verletzt wird." Hier scheidet Ostwald ausdrücklich die freie von der gesamten Energie. Meint er also die freie Energie von Helmholtz? Sehen wir zu. Wodurch wird die Energie eines chemischen Systems vermindert? Indem ein Teil von ihr das System verläßt. Dieser Teil wird in andere Energieformen verwandelt, z. B. in laue Wärme und Arbeit. Wenn wir von den theoretischen Gedankenexperimenten mit unendlich kleinen Differenzen absehen und uns an die Wirklicheit halten, so vollzieht sich der Vorgang nicht ohne innere Wärmeänderung. Es kann also nicht freie Energie im Sinne der Helmholtzschen Definition gemeint sein, sondern freigemachte gebundene Energie. Hiernach würde der Umstand, daß Ostwald von freier Energie bei chemischen Reaktionen spricht, nicht gegen die von mir geäußerte Vermutung streiten, daß die Physiker heute den Helmholtzschen Ausdruck in einem ganz allgemeinen Sinne für verfügbare Energie brauchen. — Prüfen wir, ob sich Höber dieser Situation bewußt ist. S. 435 (2. Auflage) sagt er:

„Bei einer idealen technischen Maschine, welche jeden Arbeitsverlust vermeidet, dürfte man allerdings den ‚Nährwert' des Feuerungsmaterials unbedingt der freien Energie seiner Verbrennung gleichsetzen. Bei den Organismen liegen aber die Dinge anders. Wenigstens bei den höheren. Denn diese bedürfen als Warmblüter auf alle Fälle nicht bloß der freien, sondern auch der gebundenen Energie, der Wärme, welche dem

Maschinentechniker bloß ein unerwünschtes energetisches Nebenprodukt bedeutet, das er mangels besserer Konstruktionen mit in den Kauf nehmen muß. Als geeignetes Nährmaterial für einen Organismus wäre daher richtiger dasjenige zu bezeichnen, bei welchem die ausnutzbare freie Energie zu der gebundenen in einem ganz bestimmten, aber jetzt nicht näher angebbaren Verhältnis steht."

Zunächst sagt Höber hier „technische" Maschine. Nun hat ja Carnot den Ausdruck „ideale Maschine" allerdings von der Mechanik herübergenommen. Da Höber aber selbst von Feuerungsmaterial spricht, so meint er wohl Wärmemaschine, die ja auch zur Diskussion steht. Nun ist es sehr auffallend, daß die ideale Maschine jeden Arbeitsverlust vermeiden soll. Der Maschineningenieur, der seinen Entropiesatz kennt, weiß, daß er den größten Teil der produzierten Wärme nicht „mangels besserer Konstruktionen mit in den Kauf nehmen muß". Denn auch eine ideale Maschine würde bei irdischen Temperaturen nur etwa 20—35 % der aus der Kohle entwickelten Wärme in Arbeit umsetzen können, während 65—80 % Wärme bleiben müßten. Der Organismus ist aber, wie ich gezeigt habe, eine viel unvollkommenere Arbeitsmaschine, als die Dampfmaschine; denn diese arbeitet unter 100—170° C Temperaturdifferenz, während der Mensch auf weit geringere Differenzen angewiesen ist, so daß er, wie Fick, Schreber, Zuntz, Ostwald gezeigt haben, bei mittlerer Außentemperatur von etwa plus 17° C selbst dann, wenn er eine ideale Maschine wäre, 93,25 % seiner Nahrungsenergie als Wärme abgeben müßte. In Wirklichkeit ist, wie ich berechnet habe, der mechanische Wirkungsgrad des Arbeiters nicht höher, als 1—3 %. Und da sollte irgendein Nahrungsgemisch beanstandet werden müssen, weil nicht genug Wärme abfallen könnte?

Hiernach könnte man in dem zitierten Passus Höbers zunächst überhaupt keinen Sinn finden. Einen Ariadnefaden, der uns zu dem Sinn seiner Meinung führt, bietet uns nur die Annahme, daß er zwei ganz verschiedene

Eigenschaften der idealen Maschine miteinander verwechselt hat. Die ideale Maschine arbeitet reversibel. Ihre Tätigkeit besteht in einem umkehrbaren Kreisprozeß. Das bedeutet, daß sie keine Energie durch direkte Wärmeleitung verliert. Sie ist ein Perpetuum mobile zweiter Art. Aber nun kommt der entscheidende Punkt. Würde ein solches Perpetuum mobile die gesamte aus der chemischen Energie der Kohle stammende Wärme in Arbeit umsetzen? Höber scheint das anzunehmen, denn sonst hätte seine Behauptung keinen erkennbaren Sinn, bei einer idealen Maschine, die jeden Arbeitsverlust vermeidet, dürfe man den „Nährwert" des Feuerungsmaterials unbedingt der freien Energie seiner Verbrennung gleichsetzen. In Wahrheit wissen wir aber seit Carnot, daß die Nutzung einer idealen Maschine nicht von chemischen Potentialdifferenzen, sondern nur von Temperaturdifferenzen abhängig ist. Hieraus ist ohne weiteres ersichtlich, daß auch bei einer idealen Maschine nur ein Teil der vorhandenen Wärme zu Arbeit werden kann, während der Rest Wärme bleibt. Der Unterschied von einer nicht idealen Maschine besteht nur darin, daß nicht ein Teil der Wärme durch direkte Leitung das System verläßt. Das ist eben der Sinn der Entropieformel.

Es gibt natürlich eine Möglichkeit, daß bei einer idealen Maschine $\frac{A}{Q} = 1$ werden kann, nämlich, wenn die Temperatur des Kühlraums der absolute Nullpunkt wäre. Aber dieser Spezialfall hat nichts mit dem Begriff der idealen Maschine zu tun, wobei wir uns immer wieder vergegenwärtigen müssen, daß hier nicht allgemein technische, sondern thermodynamische Maschinen zur Diskussion stehen.

An diesem Beispiel zeigt sich recht anschaulich, wie weit die heutige Biologen-Generation noch davon entfernt ist, entsprechend Ostwalds Postulat den zweiten Hauptsatz mit so instinktiver Sicherheit zu handhaben, wie der Radfahrer seine Lenkstange. Vielleicht ist ein Haupthindernis für die Erlangung dieses Grades der Vertrautheit der Umstand, daß die Biologen geneigt sind, den zweiten Hauptsatz ausschließlich mathematisch bewältigen zu wollen. Ein Forscher, dessen Hauptarbeitsgebiet die Beziehungen der physikalischen Chemie zur Biologie sind, sagte mir einmal, er habe sich die Entropie niemals anders, als aus der Formel klarmachen können. Wie hätten Männer wie Clausius, Helmholtz, Thomson u. a. von einer bloßen mathematischen Funktion den Wärmetod der Welt befürchten können! Auch Clausius hat die Entropie jedenfalls weit realer aufgefaßt, obgleich er sie auf rechnerischem Wege entdeckt hat. Der Physiker Fritz Krauß (82) spricht sich über diese Frage wie folgt aus: „. . . Mit Zahlen kann man nun operieren, wie man will, das Resultat ist immer wieder eine Zahl. Einer solchen Zahl einen besonderen Namen zu geben, hat keinen Sinn und führt nur zur irrtümlichen Auffassung der Buchstaben als Symbole von Begriffen, während sie doch nur mathematische Größen, das sind Zahlen, vertreten. Deshalb ist es ein vergebliches Bemühen, das Wesen von Begriffen, die mehr als Zahlbegriffe sind, auf rechnerischem Wege mitzuteilen." Weitere Erörterungen der Frage schließt er dann mit den Worten: „So viel wird wenigstens daraus zu entnehmen sein, daß die Entropie etwas anderes, als nur ein Resultat von Rechnungsoperationen ist." Also die bloß mathematische Betrachtungsweise gibt etwas Sicheres schwarz auf weiß, aber sie hindert das allgemeinere und freiere Denken, und ohne etwas philosophische Ordnung bleibt uns das Wissen eben immer mehr oder minder Materialansammlung.

Und nun kommen wir nochmals auf die „freie Energie" zurück. Helmholtz hat, als er „freie" und „gebundene" Energie unterschied, nur feststellen wollen, unter welchen Bedingungen die eine und die andere zur Verwandlung in

Arbeit verfügbar werden k a n n. Ob sie wirklich verwandelt w i r d, und in welchem Umfange, darüber hat er gar nichts aussagen wollen, denn er wußte aus dem zweiten Hauptsatz, daß das gar nicht von der Herkunft der Energie und den Bedingungen ihrer Bereitstellung abhängt, sondern von Temperaturdifferenzen der Maschine. Ebenso präjudizieren die heutigen Physiker hierüber nichts, wenn sie von freier Energie in irgendeinem Sinne sprechen. Ein Gleichnis aus der Ökonomik wird unsere Auseinandersetzung noch anschaulicher machen. Wir können dazu sogar die Maschine beibehalten und sagen nur statt „Energie" „Arbeiter". Wenn ein Fabrikant für seine Maschinen Arbeiter braucht, so kommen für ihn zwei Gruppen in Frage. Erstens die unbeschäftigten Arbeiter der industriellen Reservearmee, zweitens diejenigen Arbeiter, die augenblicklich in fester Stellung sind. Die ersteren kann man analog zur freien Energie „freie Arbeiter" nennen, die anderen entsprechend „gebundene Arbeiter". Die freien Arbeiter k ö n n e n ohne weiteres angeworben werden, die gebundenen müßten für diesen Zweck erst verfügbar gemacht werden, sei es durch Kündigung oder sonstwie. Wenn wir nun H ö b e r s Auffassung der freien Energie auf diese Verhältnisse übertragen, so müßten wir annehmen, daß die „freien Arbeiter" nun auch sämtlich Arbeit finden. Das hängt aber gar nicht davon ab, ob sie frei oder gebunden sind. Ein freier Arbeiter kann stellenlos bleiben, während ein gebundener schon von noch ungekündigter Stellung aus neue Arbeit finden kann; wie die chemische, also gebundene Energie, zu Arbeit werden kann, nachdem sie für diesen Zweck verfügbar gemacht ist. Wie viele von den zur Verfügung stehenden Arbeitern, ob frei oder gebunden, aber wirklich Arbeit finden, das hängt von dem Bedarf der Maschinen ab, ob der Fabrikant voll beschäftigt ist, und darüber hinaus, ob die Zahl der Arbeiter nicht größer ist als dem Bedarf aller selbst voll beschäftigten Maschinen entspricht. In diesem Rahmen kann der gebundene Arbeiter neue Stellung finden, während der freie gezwungen ist, weiter frei zu bleiben.

Aus dieser Überlegung ergibt sich aber ferner, daß Höbers Identifizierung von Wärme und gebundener Energie falsch ist. Die Wärme im Dampfkessel ist für allerlei Verwandlungen bereitgestellt, also gerade in dem Sinne, in dem Höber von freier Energie spricht, frei. Wieviel davon wirklich umgewandelt wird, das hängt von der thermischen Differenz der Maschine ab.

So ist also Höbers auf Verwechslung von freier Energie und chemischem Potential beruhender Einwand gegen Birchers Lehre hinfällig. Er hat übersehen, daß Helmholtz sich nur mit Energien der (Lage), und nur mit den Bedingungen ihrer Auslösbarkeit, nicht des Umfanges ihrer Wirksamkeit beschäftigt, Bircher dagegen mit Intensitätsfaktoren als Maßstäben für den Umfang, in dem Energien wirken können.

Nach den bisherigen Auseinandersetzungen war von allen Einwänden nur einer gerechtfertigt, und den hat der Nicht-Biologe Ostwald im Vorbeigehen gemacht. Diesem Einwand hat Bircher die Gründe entgegengestellt, die dafür sprechen, daß die etwaige Potentialverbesserung der tierischen Nahrung durch Reaktionskoppelung durch die übrigen exothermen Vorgänge, besonders Absterben, reichlich überkompensiert wird. Diesen Gründen habe ich noch das Wahrscheinlichkeitsargument hinzugefügt, daß der Organismus die kostbare Fähigkeit der Potentialverbesserung durch Reaktionskoppelung, die im Tierkörper nur in begrenztem Umfange möglich ist, sicherlich zur Aufspannung der zwar der Masse nach geringen, aber lebenswichtigen hochkonstituierten Stoffe wie Nuklein, Hämoglobin, Sperma, Körper der inneren Sekretion usw. reserviert haben wird, nicht aber für Brennstoffe, die er jederzeit reichlich und mit hohem Potential von außen her aus der Pflanzenwelt beziehen kann.

Die Unklarheit, die darin besteht, daß Höber die Nutzung der Maschine von den Intensitäten der tätigen Energie, statt von der Temperaturdifferenz der Maschine abhängig sein läßt, hat Bircher, wie schon bemerkt, insofern mit ihm gemeinsam, als er diese beiden Möglichkeiten nicht genügend auseinanderhält. Schon in den einleitenden Bemerkungen dieses Kapitels ist gesagt worden, Birchers Lehre fuße auf einer ganz bestimmten Seite des zweiten Hauptsatzes, nämlich dem Intensitätsgesetz. Das hat Bircher selbst aber keineswegs mit eindeutiger Schärfe präzisiert. Er spricht vielmehr meistens schlechthin vom zweiten Hauptsatz, gelegentlich sogar vom Entropiegesetz.

Von dem Inhalt des Intensitätsgesetzes sei hier nur gesagt, daß nach Mach, Gibbs, Maxwell, Helm, Ostwald u. a. jede Energie als Produkt aus zwei Faktoren zusammengesetzt zu denken ist, dem Intensitätsfaktor und den Kappazitätsfaktor. (Nach Ostwald „Materielle Faktoren") Intensitätsfaktoren sind z. B. Temperatur, Druck, elektrische Spannung, chemisches Potential, Helligkeit u. a. Energieumwandlungen können nur dann stattfinden, wenn Intensitätsunterschiede vorhanden sind und finden eine Grenze in der Höhe der Differenzen. Sehen wir nun, wie Bircher die Grundlage seiner Lehre präzisiert:

„Der zweite Hauptsatz lehrt uns, der Organismus, als energetisches System, werde nur dann Lebenserscheinungen äußern, wenn zwischen der zugeführten chemischen Energie und der abgeführten Energie ein Potentialunterschied bestehe, und der Umfang der Erscheinungen werde unter sonst gleichen Bedingungen nur von dem Potentialunterschiede abhängen. Folgen wir dieser Definition, so stoßen wir bald auf Schwierigkeiten, die glücklicherweise aber nicht in der Sache begründet sind. An sich ist es natürlich richtig, daß zwischen der zugeführten und abgeführten Energie eine Potentialdifferenz bestehen muß: Wir können weder einen Menschen, noch eine Dampfmaschine mit Kohlensäure, Wasser, Asche resp. mit Kot und Harn füttern. Aber das lehrt uns nicht der Entropiesatz, sondern das Intensitätsgesetz. Schon Carnot[28] hat gezeigt: „Die bewegende Kraft der Wärme ist unabhängig von dem Agens, welches zu ihrer Gewinnung benutzt wird, und ihre Menge wird einzig durch die Temperaturen der Körper bestimmt, zwischen denen in letzter Linie die Überführung des Wärmestoffes stattfindet." Clausius (80) drückt denselben Gedanken so aus: „Das Verhältnis zwischen der in Arbeit verwandelten Wärme und der übergegangenen Wärme ist von der Natur des vermittelnden Stoffes unabhängig," oder in anderer Formulierung: „Wenn bei Anwendung zweier verschiedener veränderlicher Körper die in Arbeit verwandelte Wärmemenge Q_u gleich ist, so muß auch die übergegangene Wärmemenge Qu_2 gleich sein."

Ist es also gleichgültig, was wir essen, und womit die Maschine geheizt wird? Keineswegs. Nur muß scharf auseinandergehalten werden, was wir vergleichen wollen. Den Organismus können wir nur mit einer thermodynamischen Maschine vergleichen, die Nahrung dagegen mit einem energetischen System schlechthin.

Betrachten wir die abgeführte Energie. Sie ist

1. chemische Energie (Harn, Kohlensäure, Wasser). Hier können wir, wenn auch nicht messen, doch wenigstens die relativen Stärken durch den zweiten Hauptsatz abschätzen, wie Bircher gezeigt hat. Sie ist aber

2. Wärme,

3. Arbeit,

4. Energie der Lage, abgesehen von den seltenen Energien.

Hier hört jede Vergleichsmöglichkeit auf, selbst wenn wir eine so exakte Skala für chemische Potentiale hätten, wie für elektrische und thermische Intensität. Das käme etwa auf eine so sinnlose Fragestellung hinaus wie die, welche Potentialdifferenz zwischen n Volt und n Celsiusgraden besteht. Man kann wohl Beziehungen zwischen verschiedenen Energiearten suchen, aber nicht zwischen ihren Intensitätsfaktoren.

Um uns das noch klarer zu machen, übertragen wir die Definition einmal auf die Dampfmaschine. Sie würde dann etwa lauten: „Der zweite Hauptsatz lehrt uns, die Dampfmaschine, als energetisches System, werde nur dann Arbeit abgeben, wenn zwischen der zugeführten chemischen Energie (der Kohle) und der abgeführten Energie (Arbeit, Asche, Wasser, Kohlensäure, Energie der Lage) ein Potentialunterschied bestehe, und der Umfang der Erscheinungen werde unter sonst gleichen Bedingungen nur von dem Potentialunterschiede abhängen." Hier wird es ohne weiteres offensichtlich, wo die Vermögensgleichheit aufhört. Wir können die chemische Intensität der Kohle mit der der Asche, des Wassers und der Kohlensäure vergleichen, dagegen hört die Vergleichsmöglichkeit auf bei der Wärme des Dampfes, der Arbeitsintensität und der Lageenergie des über den Schornstein schwebenden Wassers. Wir ersehen aus der Übertragung auf die Dampfmaschine aber auch, daß die Definition in dieser Form unrichtig ist, denn der Umfang der Erscheinungen ist eben nicht von chemischen Differenzen des Brennmaterials, sondern von thermischen der Maschine abhängig. Aber diese Schwierigkeiten sind glücklicherweise künstliche, weil Bircher in der zitierten Definition etwas über den Organismus aussagt, während seine Absicht ist, von chemischen Systmen zu sprechen. Es ist daher notwendig, daß er seine Erklärung derart formuliert, daß er den Organismus entweder ausschaltet, oder ihm wenigstens einen Platz anweist. der seiner in diesem Zusammenhange akzidentellen Bedeutung als vermittelnde Maschine entspricht. Demnach schlage ich folgende veränderte Formulierung der beanstandeten Definition vor:

Birchers Formulierung.	Mein Vorschlag.
Der zweite Hauptsatz lehrt uns, der Organismus, als energetisches System, werde nur dann Lebenserscheinungen äußern, wenn zwischen der zugeführten chemischen Enerie und der abgeführten	**Das Intensitätsgesetz lehrt uns, ein chemischer Körper, als energetisches System, werde, wie überall, so auch im Organismus, nur dann Arbeit leisten, wenn zwischen seiner anfänglichen und der**

Energie ein Potentialunterschied bestehe, und der Umfang der Erscheinungen werde unter sonst gleichen Bedingungen*) nur von dem Potentialunterschiede abhängen.

abgeführten Energie ein Potentialunterschied bestehe, und der Umfang der Erscheinungen werde unter sonst gleichen Bedingungen nur von dem Potentialunterschiede abhängen.

Wenn Bircher nun trotz der Unklarheit in diesem einen Punkte mit seinen Folgerungen uneingeschränkt im Rechte ist, so ersehen wir den Grund aus folgender Erwägung:

Wenn auch die Nutzung der Maschine nur von ihrer thermischen Differenz abhängt, so ist sie natürlich der betätigten Wärmemenge proportional. Arbeitsfähige Wärme wird aber in der Maschine nur aus chemischen Körpern gewonnen, die noch (durch Brennfähigkeit gekennzeichnete) Intensität besitzen. Je höher das Potential ist, desto höher die Umwandlungsmöglichkeit. Schiffsmaschinen können auch durch Koks auf dieselbe Leistungsfähigkeit gebracht werden, wie durch Cardiffkohle. Einem Kilo Gold sieht man es nicht an, ob es aus einem Gestein stammt, das pro Tonne 60 oder 120 g Gold enthält. Aber die Maschinen müssen, um dieselbe Wärmemenge für Arbeit bereitzustellen, mehr Koks als Cardiffkohle verbrennen, sie verschlacken daher früher und nutzen sich mehr durch Reibung ab; ihre Lebensdauer ist geringer, als die unter der Voraussetzung des Gebrauchs von Cardiffkohle berechnete. Der Stempel muß bei einem Goldgehalt von 60 g pro Tonne die doppelte Menge Gestein verpochen, um das Kilo Gold bereitzustellen, er nutzt sich früher ab und hat am Ende seiner Brauchbarkeit nur halb so viel Gold produziert, wie ein anderer, der Gestein mit 120 g Gehalt pro Tonne verarbeitet hat. So verschlackt ein Organismus, der niedrig potenzierte Nahrung erhält, früher. Der starke Fleischesser ist notgedrungen Vielesser, wie der

*) Zusatz bei der Korrektur. Man muß zugeben, daß Bircher, im Gegensatz zu Höber, sich dieser Verhältnisse bewußt gewesen ist, wie aus der Einschränkung „unter sonst gleichen Bedingungen" hervorgeht. Es verbleibt also als Folge seiner Formulierung nur die Unklarheit für das Verständnis des Lesers übrig.

Stempel, der das minderwertige Gestein verpocht und die Maschine, die mit Koks abgespeist wird. Er verfällt früher, gewöhnlich zwischen 50 und 60 Jahren,*) den Abnutzungskrankheiten, als der mit hochpotenzierter Speise Genährte. Hieraus ergibt sich theroretisch die Hinfälligkeit des üblichen Einwandes, der Pflanzenesser müsse Vielesser sein. Das Gegenteil zeigt auch praktisch die unbefangene Beobachtung der Wirklichkeit. Dieses Axiom von der Vielesserei der Pflanzenesser ist auch gar nicht der Erfahrung entnommen, sondern ist eine theoretische Folgerung aus der Voraussetzung des in Wahrheit viel zu hohen Eiweißminimums. Mit diesen Verhältnissen hängt es auch zusammen, daß der Fleischesser meistens nicht weiß, wann er satt ist, bevor er übersättigt ist.

Energetisch ausgedrückt: Die mit Koks geheizte Maschine, der das geringere Gestein verpochende Stempel, der mit Nahrung niedrigen Potentials genährte Mensch müssen mehr Widerstand der materiellen Faktoren überwinden.

Aus diesem Nachweis, daß Höber und Bircher zum Teil derselben Unklarheit unterliegen, wird uns deutlich, warum sie sich nicht verständigen können, sondern aneinander vorbeireden, und besonders verstehen wir nun meine Behauptung, Bircher habe sich die Widerlegung Höbers erschwert.

Noch ein weiterer Einwand Höbers muß hier gestreift werden:

„Ob durch den Koch- oder Absterbeprozeß etwas freie Energie verloren geht oder nicht, ist irrelevant, da beim Verdauungsprozeß durch die Spaltungen noch viel mehr freie Energie verloren geht und direkt in Wärme übergeführt wird. Die Erheblichkeit dieser Spaltungen leugnet zwar Bircher, aber es ist ja in letzter Zeit mehrfach gezeigt,

*) Die Mediziner durchschnittlich noch erheblich früher, weil sie bei ihrer eigenen Nahrungsauswahl noch vielfach der Furcht vor Eiweißverarmung übermäßigen Einfluß gestatten, selbst wenn sie sich bei ihren Patienten schon zu dem modernen Rat aufgeschwungen haben: Essen Sie recht viel Gemüse und wenig Fleisch.

daß mit den abiureten Spaltungsprodukten der Eiweißkörper Stickstoffgleichgewicht erzielt werden kann, und über die Spaltung der Kohlehydrate wird ja wohl gar kein Streit entstehen können."

Hierauf hat Bircher zunächst geantwortet:

„Die freie Energie, welche durch den Absterbe- und Kochprozeß zu Verlust geht, mag irrelevant sein, denn der ganze Potentialabfall entwickelt dabei zumeist Wärme; nicht irrelevant — und das ist meine Lehre — ist aber der Potentialabfall, denn jeder Niveauunterschied ist für den Energiestrom von Bedeutung. Es ist dabei ganz gleichgültig, ob der Niveauunterschied durch Wärmetönung oder durch Bildung freier Energie zustande kam."

Diese Antwort hat Höber offenbar nicht verstanden und konnte sie infolge seiner Verwechslung von Potential und freier Energie gar nicht verstehen. Diese Annahme ist übrigens auch die mildeste Erklärung für die ungewöhnliche Handlungsweise Höbers, der in seiner dritten Auflage zwei Jahre nach dem Erscheinen von Birchers dritter Auflage seine Polemik aus seiner zweiten Auflage unverändert zum Abdruck bringt.

Gegen den Einwand, daß der Organismus mit abiureten Spaltungsprodukten des Eiweißes Stickstoffgleichgewicht erzielen kann, die Energieverschlechterung also gleichgültig sei, hat Bircher etwas kurz, aber völlig zutreffend angeführt: „Ich habe die Annahme bestritten, daß alle Eiweißstoffe, unterschiedslos, im Darmkanal die erhebliche Spaltung in Amide erlitten, wenn auch bei einer eiweißarmen Nahrung der weitaus größere Teil zertrümmert werden möge. Ich habe bestritten, daß der Nachweis der Eiweißsynthese in der Darmwand aus diesen Spaltstücken bis jetzt geglückt sei. Ich habe die Nachweise angeführt, welche zeigen, daß der Organismus aus dem Darme auch unveränderte Eiweißstoffe resorbieren kann. Die Tatsache, daß der wirkliche Eiweißbedarf weit kleiner ist, als man früher geglaubt hat, zwingt zu einer Wiedererwägung der früheren Schlußfolgerung. Heute müssen wir erst die Frage lösen, ob die unverändert resorbierten Eiweißstoffe zur Deckung des Bedarfes genügen, bevor wir zu der Annahme gezwungen sind, daß unter gewöhnlichen Verhältnissen eine Synthese aus den Spaltstücken stattfinden müsse. Früher behauptete man einfach: Alles Eiweiß wird zerspalten, und aus den Spaltstücken wird wieder Eiweiß aufgebaut. Daß nun die paar kurzen und vielleicht nicht einmal einwandfreien Versuche, welche Höber anführt, diese Fragen entscheidend lösen sollten, wagt gewiß Höber selbst nicht zu behaupten. Meine Lehre wäre aber erst dann widerlegt, wenn nachgewiesen wäre, daß die abiureten Spaltprodukte bei der Eiweißsynthese nicht um so viel schlechtere Dienste leisten, als ihre Energie schlechter als diejenige der Eiweißstoffe sei, wenn ferner nachgewiesen wäre, daß die lebenden menschlichen Zellen nicht in der Wahl immer die genuinen Eiweißstoffe den abiureten Spaltprodukten vorzögen. Diese Nachweise sind aber keineswegs geleistet!"

Auch diese kurze Antwort scheint Höber nicht verstanden zu haben. Vielleicht hätte es der Deutlichkeit gedient, wenn Bircher sich nochmals ausdrücklich auf zwei uns bereits bekannte Forschungsergebnisse Rubners bezogen hätte: Erstens auf die sekundäre Nahrungswirkung des Eiweißes, zweitens auf die Feststellung, daß der Organismus nur 4 % seines Bedarfs in Eiweißkalorien braucht. Hieraus ergibt sich gegen die Notwendigkeit der Schlußfolgerung Abderhaldens unmittelbar das Bedenken: Es ist nicht unmöglich, daß der Organismus seinen wirklichen Eiweißbedarf von nur 30—40 g ausschließlich aus dem unzerstört resorbierten Eiweiß deckt, daß dagegen das gespaltene Eiweiß entsprechend der sekundären Nahrungswirkung Rubners verbrannt wird, während dafür Kohlehydrat und Fett aus der Verbrennung verdrängt und zum Ansatz gebracht wird. Wir haben ja gesehen, daß das Gesetz der sekundären Nahrungswirkung eine Revision der bisherigen Vorstellungen über Eiweißansatz erzwingen muß.

Unterstellen wir aber einmal als wahr, daß der Organismus aus abiureten Spaltungsprodukten seinen Eiweißbedarf ergänzen kann. Ist denn damit bewiesen, daß er dabei energetisch ebenso gut fortkommt, wie bei der Resorption von unverändertem Eiweiß, das nicht durch (exotherme) Spaltung eine Potentialerniedrigung erlitten hat? Ist das nicht eine mangelhafte Aushilfe in der Not? Verschwendet er nicht Energie, wenn er das Nahrungseiweiß erst spaltet, um es wieder aufzubauen? Es ist ja nicht logisch zwingend, daß man aus der Tatsache, daß ein Organismus, der im Experiment kein vollwertiges Eiweiß erhält, in der Not auch minderwertige Spaltungsprodukte verwendet, die Schlußfolgerung zieht, daß er nun auch ihm zu Gebote stehendes Eiweiß erst spaltet. **Und muß man nicht annehmen, daß die aus so verschlechtertem Material aufgebaute Zelle sich schneller wieder einem energetischen Gleichgewichtszustand nähert, der sie zur Arbeit unfähig macht?** Die Fähigkeit, eingeführte Spaltungsprodukte zu verwenden, kann in Krankheitsfällen, in denen Eiweißresorption verhindert ist, zweifellos von Bedeutung für die Ernährung des Kranken sein. Etwas ist besser als nichts. Die Fähigkeit des Organismus, im Notfalle aus niederen Spaltungsprodukten des Eiweiß durch Reaktionskoppelung wieder Eiweiß aufbauen zu können, beweist nur, daß die Natur ebenso weise ist, wie unsere Polizei, die in jedem Theater oder Warenhaus für Notbeleuchtung durch Petroleumlampen neben dem elektrischen Licht sorgt. Aber die weitergehenden sanguinischen Folgerungen Abderhaldens müssen abgelehnt werden.*)

Die russische Volkswirtschaft ist auf der Grundlage des Getreideexportes aufgebaut. Gibt es einmal schlechte Ernten, dann geht unter allen Umständen der Export vor, um das Wirtschaftssystem vor Zusammenbruch zu bewahren. Der Bauer kann hungern. Er hilft sich dann, indem er wenig Mehl mit viel gemahlener Baumrinde zusammen zu Brot verbackt. Kräftige Individuen überstehen dabei sogar den ganzen Winter. Wird nun jemand behaupten, Brot aus Baumrinde sei dem aus Getreide gleichwertig oder gar überlegen?

Es ist in der Tat nicht verständlich, weshalb die Biologen der Theorie von Kassowitz so feindselig gegenüberstehen, wenn sie Abderhalden beistimmen.

***) Adam Loeb[93] sagt: „... Was hat der Organismus für einen Nutzen davon, wenn die Darmwand Aminosäuren zu indifferentem Eiweiß aufbaut, das die Körperzellen gleich darauf wieder abbauen müssen?"**

Ein Eingehen auf Abderhaldens theoretische Begründung seiner Lehre wird uns die kranke Wurzel seines hypothetischen Baumes zeigen. In einem vor der Schweizerischen naturforschenden Gesellschaft gehaltenen Vortrage sagt er:

„Die Hauptaufgabe der Verdauungsfermente ist vielmehr die gründliche Zerstörung des spezifischen Aufbaues der einzelnen Nahrungsstoffe. Ein Gemisch gänzlich indifferenter Bausteine bleibt übrig, und diese gelangen dann zur Resorption. Sie stehen teils den einzelnen Organzellen direkt zur Verfügung, zum Teil findet bereits in der Darmwand ein Aufbau zu komplizierteren Verbindungen statt. So entsteht z. B. aus Alkohol und Fettsäuren indifferentes Fett, und wahrscheinlich findet an demselben Orte auch eine Synthese von indifferentem Plasmaeiweiß aus den resorbierten Aminosäuren statt. ... Ob wir eine bestimmte Fleischart als Eiweißnahrung wählen, oder diese aus dem Pflanzenreich beziehen, ist an und für sich unseren Organzellen gleichgültig. Wenn nur die Möglichkeit besteht, daß die aufgenommenen Stoffe von den Fermenten des Magen-Darmkanals vollständig abgebaut werden können ...“

Daß hier die Erkenntnis des zweiten Hauptsatzes, insbesondere des Intensitätsgesetzes, fehlt, wird aus folgendem Vergleich Abderhaldens noch offensichtlicher werden. Er behauptet, auch die höher organisierte Pflanze arbeite genau nach dem gleichen Prinzip wie das Tier. Die im Samen aufgespeicherten Reservestoffe würden von den neuen Zellen nicht direkt aufgenommen, mit dem Auftreten der Keimung beginne vielmehr sofort ein lebhafter Abbau der aufgespeicherten Stoffe, alles werde durch Fermente in einfachste Bausteine zerlegt. Hier hat nun Abderhalden einen fundamentalen Unterschied außer acht gelassen. Der Pflanze steht in unbegrenzten Mengen von außen her neue Energie höchster Intensität zur Verfügung, und zwar in der Sonnenenergie. Durch Koppelung mit dieser spannt sie ihre eigenen Stoffe zu hohem Potential auf. Dem Organismus der höheren Tiere steht dagegen dieser Reichtum gar nicht oder nur in verschwindend geringem Maße zur Verfügung. Wenn er durch Reaktionskoppelung einzelne seiner Stoffe aufspannen will, so befindet er sich in der Lage eines Hausvaters, der mit gezähltem Gelde wirtschaften muß. Will dieser sich auf der einen Stelle einmal einen Extragenuß leisten, dann muß er es sich an einer anderen Stelle absparen. Die Pflanze ist dagegen in der Lage eines Multimillionärs, der sich auch Verschwendung leisten kann. Dazu kommt, daß die Reservestoffe des Samens einen verschwindend kleinen Bruchteil der Pflanzennahrung bilden. In der Hauptsache besteht ja die Nahrung der Pflanze in Stoffen ohne Brennfähigkeit (Erden, Stickstoff, Kohlensäure, Wasser), denen sie gerade durch Herstellung neuer Differenzen mittels der Sonnenenergie erst wieder Brennfähigkeit verleiht.*)

Wiederum sehen wir an diesem Beispiel, wie an dem von Höber, Ostwalds Behauptung bestätigt, daß auch noch in unserer Zeit von wissenschaftlich gebildeten Menschen Gedanken ohne Widerspruch und Mißtrauen vollzogen werden, die mit dem zweiten Hauptsatz in Widerspruch stehen, und daß von den unübersehbaren Schätzen an Naturerkenntnis, die uns dieses Gesetz noch zu vermitteln bestimmt ist, ein größerer Teil erst dann abgebaut werden wird, wenn eine Forschergeneration vorhanden sein wird, die den zweiten Hauptsatz mit derselben instinktiven Sicherheit handhabt, wie die gegenwärtige den ersten.

Wir schließen diese Erörterung mit der zusammenfassenden Behauptung: Die von Abderhalden u. a. gefundenen Tatsachen beweisen vielleicht, daß der Organismus eine Zeitlang mit abiureten Spaltungsproduktion seinen Eiweißgehalt im Gleichgewicht erhalten kann, wenn er kein unzerlegtes Eiweiß erhält, z. B. im Experiment. Dagegen beweisen sie nicht, daß er dasselbe tut, wenn ihm Eiweiß zu Ge-

*) Denselben fehlerhaften Einwand macht schon Kassowitz (Bd. I, S. 68).

bote steht, weil dann die Möglichkeit offen bleibt, daß der in Wirklichkeit geringe Eiweißbedarf durch unverändert resorbiertes Eiweiß gedeckt wird, während der Darm das überschüssige Eiweiß nur zu dem Zwecke spaltet, damit es vermöge der sekundären Nahrungswirkung, die eine Schutzmaßregel gegen die Überschwemmung mit Eiweißprodukten ist, leichter durch Verbrennen unschädlich gemacht wird. Im besten Falle werden die von Abderhalden u. a. gefundenen Tatsachen hinsichtlich des Verhaltens des Organismus zu den Spaltungsprodukten durch das vulgäre Sprichwort gekennzeichnet: In der Not frißt der Teufel Fliegen.

Will also Abderhalden die energetischen Vorgänge vergleichen, so muß er die tierische Nahrung nicht mit der winzigen Menge der Reservestoffe des Samens, sondern mit den Bausteinen Erde, Wasser, Stickstoff, Kohlendioxyd in Parallele setzen; dann springt die Gegensätzlichkeit der energetischen Vorgänge in die Augen. Man könnte ja den Unterschied zwischen Tier und Pflanze geradezu dahin definieren, daß der Lebensprozeß des Tieres als Ganzes ein freiwilliger (exothermer) Vorgang ist, während innerhalb dieses Gesamtrahmens einzelne unfreiwillige Vorgänge (durch Reaktionskoppelung, in geringem Maße vielleicht auch durch Lichtenergie), sich abspielen. Das Leben der Pflanze ist dagegen als Ganzes unfreiwillig (endotherm), und nur Einzelvorgänge sind exotherm. Also: Die Pflanze erhält im wesentlichen nur einzelne Bausteine, und zum Aufbauen steht ihr unbegrenzte Energie von außen zur Verfügung. Das Tier dagegen darf die Nahrung energetisch nur so weit entwerten, wie unbedingt notwendig, und gerade weil ein gewisses Maß von Intensitätsverminderung durch die Verdauungsvorgänge unvermeidlich ist, **müssen die Ausgangspotentiale möglichst hoch sein.** Würde der

Mensch die Potentiale seiner Nahrung wirklich auf das Niveau derer der Pflanzenbausteine erniedrigen, dann handelte er wie ein Hausvater, der sich nicht mit den Zinsen begnügt, sondern sein Kapital mit verbraucht, während er neues von außen her nicht zu erwarten hat.

Somit wäre auch der dritte Einwand Höbers gegen Bircher hinfällig. Zusammenfassend können wir sagen: **Birchers Lehre wird etwas Hypothetisches behalten, solange wir keinen sicheren Maßstab für chemische Potentiale besitzen. Sie ist aber gut gestützt und leistet alles, was man von einer guten Hypothese erwartet, da sie geeignet ist, Ordnung in das vorliegende, des Zusammenhanges entbehrende Tatsachenmaterial zu bringen, und ihr keine gesicherte Tatsache widerspricht.**

Literatur.

1. Abderhalden, E., Synthese der Zellbausteine in Pflanze und Tier. Berlin 1912.
2. — Neuere Anschauungen über den Bau und den Stoffwechsel der Zelle. Berlin 1911.
3. — Lehrb. d. physiol. Chemie. Berlin u. Wien 1909.
4. Albu, A., Die vegetarische Diät. Leipzig 1902.
5. — Grundzüge der Ernährungstherapie. Stuttgart 1908.
6. — Kritik von Bircher-Benners Grundzügen. 2. Auflage. Berliner Klin. Wochenschr. 1906, No. 31.
7. — Sport und Ernährung. Berl. Klin. Wochenschr. 1908, No. 12.
8. — und Neuberg, Mineralstoffwechsel. Berlin 1906.
9. Arrhenius, Svante, Das Werden der Welten. Leipzig 1907.
10. Auerbach, Felix, Die Weltherrin und ihr Schatten. Jena 1902.
11. Babák, E., Arch. f. Physiol. CII. 7. 1904, S. 320. Über die Wärmeregulation im Fieber.
12. Bachmann, Kritische Beiträge zur Ernährungslehre. Therap. Rundschau 1909, No. 36.
13. Baelz, Über vegetarische Massenernährung und über das Leistungsgleichgewicht. Berl. Klin. Wochenschr. 1901, No. 26.
14. Bernstein, J., Die Energie des Muskels als Oberflächenenergie. Pfl. Arch. 85, S. 271.
15. — Lehrbuch der Physiologie. Stuttgart 1894.
16. Bier, A., Über die Berechtigung des teleologischen Denkens in der praktischen Medizin. Berlin 1910.
17. Bircher-Benner, M., Grundzüge der Ernährungstherapie auf Grund der Energetik. 1. bis 3. Aufl. Berlin 1903, 1906, 1909.
18. Blix, Magnus, Zur Beleuchtung der Frage, ob Wärme bei der Muskelkontraktion sich in mechanische Arbeit umsetze. Zeitschrift für Biologie, Bd. 21, 1885, S. 190.
19. Boltzmann, L., Über die Prinzipien der Mechanik. Leipzig 1903.
20. Bunge, G. v., Lehrbuch der Physiologie. Leipzig 1901.
21. — Der Vegetarismus. Berlin 1901.
22. Bürker, K., Experimentelle Untersuchungen über Muskelwärme. Arch. f. Physiol., Bd. 109.

23. Carnot, S., Betrachtungen über die bewegende Kraft des Feuers. Leipzig 1892. (Ostwalds Klassiker d. exakten Wissensch., No. 37.)
24. Caspari und Glaessner, Ein Stoffwechselversuch an Vegetariern. Zeitschr. f. physikal. u. diätet. Therap., Bd. 7, S. 475.
25. Chémisse, L., Contribution à la question de l'influence de l'apyrexie artificielle sur l'évolution de la maladie infectieuse. Arch. russe de Pathol. IV, 1, p. 93, 1897. Ref. nach Schmidts Jahrb.
26. Chistoni, Alfredo, Sulle variazioni della temperatura superficiale dell' uomo durante il lavaro muscolare. Rif. med. XXVI, 31, p. 847, 1908. Ref. nach Schmidts Jahrb. 1909.
27. Chittenden, Russel H., The Nutrition of Men. New York 1907.
28. — Physiological Economy in Nutrition. London 1905.
29. Chwolson, O. D., Hegel, Haeckel, Kossuth und das zwölfte Gebot. Braunschweig 1906.
30. Clausius, R., Die mechanische Wärmetheorie. Bd. 1. 3. Aufl. 1887.
31. Cohen, Ernst, Vorträge für Ärzte über physikalische Chemie. Leipzig 1907.
32. Danilewsky, B., Thermodynamische Untersuchungen der Muskeln. Pflüg. Arch., Bd. 21, 1880, S. 109.
33. — Über die Wärmeproduktion und Arbeitsleistung des Menschen. Pflüg. Arch., Bd. 30, 1883, S. 175.
34. — Ergebnisse weiterer thermodynamischer Untersuchungen der Muskeln. Ficks Myotherm. Unters. Wiesbaden 1889. S. 173.
35. Diesing, E., Das biologische Prinzip der Lichtbehandlung des Krebses. Dtsch. Med. Wochenschr. 1908, No. 45.
36. Dochmann, Fieber als Ausdruck der Heilkraft der Natur. Wiener Med. Presse 1889, No. 13–15.
37. Düring, E. v., Probleme der Ernährung. Leipzig 1908.
38. Engelmann, Th. W., Über den Ursprung der Muskelkraft. Leipzig 1893.
39. Ewald, J. Rich., Ändert sich das Volumen eines Muskels bei der Kontraktion? Pflüg. Arch., Bd. 41, S. 215.
40. Fick, A., Mechanische Arbeit und Wärmeentwickelung bei der Muskeltätigkeit. Leipzig 1882.
41. — Experimenteller Beitrag zur Lehre von der Erhaltung der Kraft bei der Muskelzusammenziehung.
42. — Über die Wärmeentwickelung bei der Zusammenziehung des Muskels.
43. — Über die Wärmeentwickelung bei der Muskelzuckung.
44. — Myothermische Fragen und Versuche.
45. — und Wislicenus, Über die Entstehung der Muskelkraft.

(41–45: Ficks Myothermische Untersuchungen. Wiesbaden 1889.)

46. Finkelstein, Alimentäres Fieber. Verh. d. V. f. innere Med. 1908.
47. — Dtsch. Med. Wochenschr. 1909, No. 5.
48. Fischer, E., Organische Synthese und Biologie. Berlin 1908.
49. Fischer, J., Die organische Natur im Lichte der Wärmelehre. Berlin 1906.
50. Frank, O., Thermodynamik des Muskels. Ergebn. d. Physiol. III, 2, S. 343.
51. Friedenthal, Besprechung von Julius Schultz' „Die Maschinentheorie des Lebens. Zeitschr. f. allg. Physiol. (Verworn) 1910, Heft 2 u. 3.
52. Grober, J., Über die physiologische Bedeutung der Blutfarbe. Zeitschr. f. allg. Physiol., Bd. 10, Heft 2.
53. Haig, A., Die Harnsäure als ein Faktor bei der Entstehung von Krankheiten. Deutsch von Bircher-Benner. Berlin 1910.
54. — Diät und Nahrungsmittel. Deutsch von Marcinowski. Berlin 1906.
55. Hatvany, Ludwig, Die Wissenschaft des nicht Wissenswerten. Berlin 1911.
56. Heidenhain, R., Mechanische Leistung, Wärmeentwickelung und Stoffumsatz bei der Muskeltätigkeit. Leipzig 1864.
57. Helmholtz, H. v., Vorlesungen über Theorie der Wärme. Herausgeg. von Richarz. Leipzig 1903.
58. — Über den Stoffverbrauch bei der Muskelaktion. J. Müllers Arch. 1845, S. 72.
59. — Über die Wärmeentwickelung bei der Muskelaktion. J. Müllers Arch. 1848, S. 144.
60. Hermann, Handbuch der Physiologie. Leipzig 1881.
61. Hertwig, O., Allgemeine Biologie. Jena 1909.
62. Heubner, O., Lehrbuch der Kinderheilkunde. Berlin 1906.
63. Hiller, A., Entwurf einer Theorie über das Wesen und die Erscheinungen des Fiebers. Zeitschr. f. klin. Med. 1893, Bd. 23, S. 399.
64. Hirsch, Müller nnd Rolly, Experimentelle Untersuchungen zur Lehre vom Fieber. Dtsch. Arch. f. klin. Med. LXXV, 3—5, 1903, S. 280.
65. Höber, R., Physikalische Chemie der Zelle und der Gewebe. Leipzig, 2. Aufl. 1906, 3. Aufl. 1911.
66. Hoffmann, F. A., Der Vegetarismus. v. Leydens Handb. d. Ernährungsther. Bd. 1. Leipzig 1897.
67. Hort, H., Der Entropiesatz. Berlin 1910.
68. Jensen, P., Über den Aggregatzustand des Muskels und der lebendigen Substanz überhaupt. Pflüg. Arch. Bd. 80, 1900, S. 176.
69. Jesionek, A., Lichtbiologie und Lichtpathologie. Wiesbaden 1912.
70. Jodlbauer, A. und v. Tappeiner, H., Über die Wirkung des Lichtes auf Fermente (Invertin) bei Sauerstoffabwesenheit. Münch. Med. Wochenschr. 1906, No. 14.

71. Jodlbauer, A., Über die Wirkung des Lichtes auf Enzyme usw. Dtsch. Arch. f. kl. Med., Bd. 85, S. 386.
72. — Über die Beziehungen der Wirkung der photodynamischen Stoffe zu ihrer Konzentration. Münch. Med. Wochenschr. 1905, No. 45.
73. Jürgensen, Zur Lehre von der Behandlung fieberhafter Krankheiten mittels des kalten Wassers. Dtsch. Arch. f. kl. Med., Bd. 3, 1867, S. 165.
74. — Die Diät bei Superazidität. Arch. f. Verdauungskr. 1898.
75. Kassowitz, M., Allgemeine Biologie. Wien 1899—1906.
76. Katzenstein, G., Über die Einwirkung der Muskeltätigkeit auf den Stoffverbrauch des Menschen. Pflüg. Arch., Bd. 49, S. 330.
77. Koeppe, H., Physikalische Chemie in der Medizin. Wien 1900.
78. Kolisch, R., Grundzüge der diätetischen Behandlung des schweren Diabetes. Zeitschr. f. diät. u. phys. Ther., Bd. 12, Heft 4.
79. Kraus, F., Die Abhängigkeitsbeziehungen zwischen Seele und Körper in Fragen der inneren Medizin. Erg. d. inner. Med. u. Kinderheilk., Bd. 1. Berlin, Springer.
80. — Über den respiratorischen Gasaustausch im Fieber. Zeitschr. f. kl. Med., Bd. 18, 1891, S. 160.
81. — und Chwostek, Über den respiratorischen Gaswechsel im Fieberanfall nach Injektion der Kochschen Flüssigkeit. Wiener Med. Wochenschr. 1891, S. 104.
82. Krauss, F., Die Thermodynamik der Dampfmaschinen. Berlin 1907.
83. Krehl, L. und Mathes, M., Wie entsteht die Temperatursteigerung des fiebernden Organismus? Arch. f. exper. Pathol. XXXVIII, 3 u. 4, 1897, S. 284.
84. Krummacher, O., Prinzipien des allgemeinen Stoff- und Energiewechsels. Erg. d. Physiol., Bd. 7, 1908, S. 474.
85. Lahmann, H., Die diätetische Blutentmischung als Grundursache aller Krankheiten. Leipzig 1897. 7. Aufl.
86. Landois-Rosemann, Lehrb. d. Physiol. 12. Aufl. 1909.
87. Lang, G., Beobachtungen über die Wasserausscheidung durch Haut und Lungen unter dem Einflusse des Fiebers und einiger anderer Faktoren. Dtsch. Arch. f. kl. Med., 1904.
88. Leyden, E., Über die Respiration im Fieber. Dtsch. Arch. f. kl. Med., Bd. 7.
89. v. Leyden und Fränkel, A., Über den respiratorischen Gasaustausch im Fieber. Virch. Arch., Bd. 76, 1879, S. 136.
90. v. Liebermeister, C., Über die CO_2-Produktion im Fieber und ihr Verhältnis zur Wärmeproduktion. Dtsch. Arch. f. kl. Med., Bd. 8, S. 153.
91. — Über Wärmeregulierung und Fieber. Leipzig 1871. Volkmanns Samml., No. 19.

92. **Loeb**, A., Über den Eiweißstoffwechsel des Hundes usw. Zeitschr. f. Biol 55, 1910.
93. **Löwy**, A., Über den Einfluß der Abkühlung auf den Gaswechsel des Menschen. Pflüg. Arch., Bd. 46.
94. — Stoffwechseluntersuchungen im Fieber und bei Lungenaffektionen. Virch. Arch., Bd. 126, S. 218.
95. — und **Richter**, P. F., Über den Einfluß von Fieber und Leukocytose auf den Verlauf von Infektionskrankheiten. Dtsch. Med. Wochenschr. 1895, No. 15, S. 240.
96. — Experimentelle Untersuchungen über die Heilkraft des Fiebers. Virch. Arch., Bd. 145, S. 49.
97. **Lüthje**, H., Die Eiweißregeneration im tierischen Körper. Erg. d. Physiol. 1908, S. 795.
98. **Macallum**, A. B., Oberflächenspannung und Lebenserscheinungen. Erg. d. Physiol., Bd. 11, 1911, S. 598.
99. **Mac Callum**, W. G., Fever. Arch. of. intern. Med. II, 6, p. 569, 1909. Ref. in Schmidts Jahrb. 1909.
100. **Mach**, E., Analyse der Empfindungen. Jena 1911.
101. **May**, Rich., Der Stoffwechsel im Fieber. Zeitschr. f. Biolog., Bd. 30, 1894, S. 1.
102. **Mayer**, J. Rob., Die organische Bewegung in ihrem Zusammenhange mit dem Stoffwechsel. Heilbronn 1845.
103. **Mendel**, L. B., Theorien des Eiweißstoffwechsels nebst einigen praktischen Konsequenzen derselben. Erg. d. Physiol., Bd. 11, 1911.
104. **Müller**, Paul Th., Die allgemeinen Lebensbedingungen der Mikroorganismen. Erg. d. Physiol. 1905, Bd. IV, S. 138.
105. **Naunyn**, B., Kritisches und Experimentelles zur Lehre vom Fieber und von der Kaltwasserbehandlung. Arch. f. exper. Pharm. u. Path. 1884, Bd. 18, S. 49.
106. **Nernst**, W., Über die Bedeutung der elektrischen Methoden und Theorien für die Chemie. Verh. d. Ges. d. Naturf. u. Ärzte. Leipzig 1901. S. 83.
107. — und **Schönfließ**, A., Einführung in die mathematische Behandlung der Naturwissenschaften. München und Berlin 1907.
108. v. **Noorden**, C., Die Überernährung. Handb. der Pathol. des Stoffwechsels, 1. Berlin 1906. S. 548.
109. — Über Chlorose. Med. Klin. 1910, No. 1.
110. **Ostwald**, W., Die Schule der Chemie. Braunschweig 1910.
111. — Die Einheit der physikochemischen Wissenschaften. Berlin und Leipzig.
112. — Über Katalyse. Verh. d. Ges. d. Naturf. u. Ärzte. Leipzig 1901. S. 184.
113. — Vorlesungen über Naturphilosophie. Leipzig 1902.

114. Ostwald, W., Die chemische Energie. Leipzig 1903.
115. — Die Energie. Leipzig 1908.
116. — Der Werdegang einer Wissenschaft. Leipzig 1908.
117. — Zeitschr. f. physikal. Chemie, Bd. 45, 1904, S. 509. } Über Reaktionskoppelung.
118. — Dieselbe Zeitschr., Bd. 47, S. 127. }
119. Peschel, Der Eiweißbedarf des gesunden Menschen. Inaug.-Diss. Berlin 1890.
120. Petzoldt, Jos., Die vitalistische Reaktion auf die Unzulänglichkeit der mechanischen Naturansicht. Zeitschr. f. allg. Physiol., Bd. X, Heft 2, S. 183.
121. Pfeffer, W., Pflanzenphysiologie, Bd. 2. Leipzig 1904.
122. Pflüger, E., Über die physiologische Verbrennung in den lebendigen Organismen. Pflüg. Arch., Bd. 10, 1875, S. 251 und 611.
123. — Nachtrag zu meinem Aufsatz über die physiologische Verbrennung in den lebenden Organismen. Pflüg. Arch., Bd. 10, 1875, S. 642.
124. — Die Quelle der Muskelkraft. Pflüg. Arch., Bd. 50, S. 98.
125. — Über Wärme und Oxydation der lebenden Materie. Pflüg. Arch., Bd. 18, S. 355.
126. Planck, Max, Acht Vorlesungen über theoretische Physik. Leipzig 1910.
127. — Die Einheit des physikalischen Weltbildes. Leipzig 1909.
128. — Die Stellung der neueren Physik zur mechanischen Naturanschauung. Leipzig 1910.
129. — Über neuere thermodynamische Theorien. Leipzig 1912.
130. Plehn, Tropenfähigkeit. Zeitschr. f. Balneol., April 1912.
131. Porter, W. H., (Post-Graduate IV, 4, p. 258, April 1899.) Febrile conditions, their relations to body heat production and their treatment. Ref. von Weintraud in Schmidts Jahrb. 1900.
132. Pribram, E., Über Beziehung zwischen chemischer Konstitution, physikal-chemischen Eigenschaften und pharmakodynamischen Wirkungen. Wiener Kl. Wochenschr. 1908, No. 30.
133. Rietschel, H., Über Mehle und Mehlfütterungen usw. Dtsch. Med. Wochenschr. 1908, No. 19.
134. — Die Sommersterblichkeit der Säuglinge. Med. Klin. 1912, No. 15.
135. Reinke, J., Die Natur und wir. Berlin 1907.
136. Rolly und Meltzer, Experimentelle Untersuchungen über die Bedeutung der Hyperthermie. Dtsch. Arch. f. klin. Med. 1908, XCIV, 3 u. 4, S. 335.
137. Rosenbach, O., Energetik und Medizin. Berlin 1904.
138. Rubner, M., Untersuchungen über die Erwärmung poröser Objekte usw. Arch. f. Hygiene 1906, 56, 3, S. 209.
139. — Die wissenschaftlichen Grundlagen einer Desinfektion. Ibid. S. 241.

140. Rubner, M., Kraft und Stoff im Haushalt des Lebens. Dtsch. Med. Wochenschr. 1908, No. 40.
141. — Über die Ausnutzung einiger Nahrungsmittel im Darmkanale des Menschen. Zeitschr. f. Biol., Bd. 15, 1879, S. 115.
142. — Der Energiewert der Kost des Menschen. Zeitschr. f. Biol., Bd. 42, S. 261, 1901.
143. — Über den Einfluß der Körpergröße auf Stoff- und Kraftwechsel. Zeitschr. f. Biol. XIX, 4, 1883, S. 535.
144. — Die Gesetze des Energieverbrauchs bei der Ernährung. Leipzig u. Wien 1902.
145. — Volksernährungsfragen. Leipzig 1908.
146. — Theorie der Ernährung nach Vollendung des Wachstums. Arch. f. Hygiene, Bd. 66, 1908, S. 1.
147. — Die Quelle der tierischen Wärme. Zeitschr. f. Biol. 1894, Bd. 30.
148. — Kraft und Stoff im Haushalt der Natur. Leipzig 1909.
149. — und Heubner, Zur Kenntnis der natürlichen Ernährung des Säuglings. Zeitschr. f. exper. Path. 1, 1905, S. 1.
150. Samuely, F., Oxydasen. Oppenheimers Handb. d. Biochemie Bd. 1. Jena 1909.
151. Schade, H., Die Bedeutung der Katalyse für die Medizin. Kiel 1907.
152. Schreber, K., Der Mensch als kalorische Maschine und der zweite Hauptsatz. Physik. Zeitschr., 3. Jahrg. 1902, No. 6 u. 12.
153. Schreuer, M., Über die Bedeutung überreichlicher Eiweißnahrung für den Eiweißstoffwechsel. Pflüg. Arch., Bd. 110, 1905, S. 227.
154. Schultz, J., Die Maschinentheorie des Lebens. Göttingen 1909.
155. Senator, H., Beiträge zur Lehre von der Eigenwärme und dem Fieber. Virch. Arch., Bd. 45, 1869, S. 351.
156. — Untersuchungen über die Wärmebildung und den Stoffwechsel, Arch. f. Physiol., 1872, S. 1.
157. — Untersuchungen über den fieberhaften Prozeß. 1873.
158. Simonson, E., Die Bedeutung des zweiten Hauptsatzes der Thermodynamik für die Theorie des Fiebers. Med. Klinik 1910, No. 31.
159. Soyka, Akklimatisation. Eulenbergs Real-Enzykl., 2. Aufl., Bd. 1.
160. Stekel, W., Nervöse Angstzustände und ihre Behandlung. Berlin u. Wien 1912.
161. Stille, Zur Ernährungslehre. München 1908.
162. Sulima, N., Über den Einfluß der Fiebertemperaturen auf die Mikroben und die Schutzkräfte des Organismus. Zentralbl. f. Bakteriol. XLVIII, 3, 1909, S. 318.
163. Hoff, J. H. van't, Acht Vorträge über physikalische Chemie. Braunschweig 1902.
164. Traube, J., Theorie der Osmose und Narkose. Pflüg. Arch. 1904, Bd. 105, S. 541.

165. Traube, J., Der Oberflächendruck und seine Bedeutung im Organismus. Ibid. S. 559.
166. Traube, M., Zur Fieberlehre. Med. Centralztg. 1863, No. 52.
167. Unverricht, H., Über das Fieber. Leipzig 1896. Volkmanns Samml. No. 159.
168. Verhandlungen d. Kongr. f. innere Med. 1882, 1885, 1896, 1910.
169. Verworn, Max, Allgemeine Physiologie. Jena 1897.
170. Voit, Das Isodynamiegesetz. Münch. Med. Wochenschr. 1902, S. 234.
171. — Untersuchungen über den Einfluß des Kochsalzes usw. auf den Stoffwechsel. München 1860.
172. Weiß, G., Die Muskelarbeit nach den Untersuchungen von Chauveau. Erg. d. Physiol., Bd. IX, 1910, S. 369.
173. Werbitzki, F. W., Zur Theorie der Wärmeregulierung. Arch. f. Anat. u. Physiol. 1909, Physiol. Abt. 1, S. 71.
174. Winkelmann, Handbuch der Physik.
175. Wüllner, Lehrbuch der Experimentalphysik.
176. Wunderlich, Das Verhalten der Eigenwärme. Leipzig 1868.
177. Zwaardemaker, H., Die physiologisch wahrnehmbaren Energiewanderungen. Ergebnisse der Physiologie. Wiesbaden 1905.
178. — Die im ruhenden Körper vorgehenden Energiewanderungen. Ibid. 1906.
179. — Die Energetik der autochthonen periodischen Lebenserscheinungen. Ibid. 1908.
180. Zuntz, N., Über den Stoffwechsel fiebernder Tiere. Arch. f. Physiol. 1882.
181. — Die Kraftleistungen des Tierkörpers. Berlin 1908.
182. — Über den Stoffverbrauch des Hundes bei Muskelarbeit. Pflüg. Arch., Bd. 68, 1897.
183. — Der Mensch als kalorische Maschine und der zweite Hauptsatz. Physik. Zeitschr., 3. Jahrg., 1902, No. 9.
184. — Über Prüfung des Gesetzes von der Erhaltung der Energie im Tierkörper. Bemerkungen zu den bezüglichen Versuchen des Herrn Chauveau in Paris. Du Bois-Reymonds Arch. 358.
185. —, Lehmann und Hagemann, Untersuchungen über den Stoffwechsel des Pferdes bei Ruhe und Arbeit. Landwirtschaftl. Jahrb. 1889.
186. — und Schirokich, Gas- und Stoffwechsel bei eiweißarmer Ernährung. Med. Klinik 1912, No. 32.

FSC
www.fsc.org
MIX
Papier | Fördert gute Waldnutzung
FSC® C083411

Zeitfracht Medien GmbH
Ferdinand-Jühlke-Straße 7
99095 Erfurt, Deutschland
produktsicherheit@kolibri360.de